JN325443

外国人の選挙権
ドイツの経験・日本の課題

長尾 一紘 著

日本比較法研究所
研究叢書
95

中央大学出版部

装幀　道吉　剛

まえがき

　二十数年前，たまたま「外国人の選挙権」にかかるドイツの文献を数冊入手し，これを読んだのがこの問題とのかかわりの出発点であった。

　外国人参政権の問題は，まことに魅力的なテーマである。また，この問題は間口の広いテーマである。学生はもとより，一般の人々もこの問題については自己の意見をもっている。憲法の研究者においても，実に多くの論者がこの問題をめぐる論争に参加している。

　しかし，今日に至るまで，その理論的成果は必ずしも十分なものではない。外国人参政権の問題は，入るに易く，きわめるに困難なテーマである。

　その要因として，つぎの5点を指摘することができる。

　第1に，このテーマは，きわだって新しいテーマである。外国人の参政権の問題が日本において本格的な議論の対象になったのは二十数年前にすぎない。新しいテーマであるということは，蓄積が少ないということ，理論的基礎が固まっていないということを意味する。

　第2に，この問題はきわだって争点の多いテーマである。ドイツにおいて，ある論者は，外国人の参政権の研究を「ツアー旅行」にたとえている。「人権」とは何かという問題はもとより，民主主義，国民主権，地方自治，さらには国家主権，のような基本概念の理解が争点とされている。

　第3に，この問題はきわだって歴史とのかかわりの深いテーマである。たとえば，この問題を検討するためには「国民国家」の検討が不可欠である。

　第4に，この問題はきわだって政治的色彩の強いテーマである。この問題には法的問題と政治的問題が絡み合っているが，両者は判然と区別されなければならない。しかし実際にこの区別をなすことはきわめて困難である。多くの論者において，政治論と法律論の混淆がみられる。最高裁も例外ではない。最高裁は，平成7年の判決において「傍論」という形で，なんら必要がないにもか

かわらず，自らの政治的見解を積極的に述べている。これに対して，学説において「政治司法」ではないかとの批判がなされている。

第5の要因として，戦後憲法学のあり方そのものを挙げることができる。戦後憲法学における「国家」観，「歴史」観には特異なものがある。

GHQ占領下の当時において，憲法研究者は，きびしい検閲と公職追放の圧力の下で，とりわけ国家観，歴史観の問題において，一部筆を曲げることを余儀なくされた。占領解除から60年以上を経た現在において，なおこのときの後遺症が残っているようである。この問題については，「補論」で概説した。「補論」の内容は，あくまで問題提起にとどまる。いずれにせよ，戦後憲法学の再検討は，向後の学説の大きな課題になるものと思われる。

外国人参政権の問題が多くの論者の関心を集めながら，理論的進展がみられず，むしろ混迷の状態にあるのはこの第5の要因によるものと思われる。

これに関連して，坂本多加雄氏のことばが思いおこされる。氏は，つぎのようにいう。

日本国憲法は「孤独でさびしい憲法」である。改憲論者は，これを改正の対象とするが，護憲論者は，これを自らの政治目的のための手段とするのみである。日本国憲法は，真の支持者をもたない憲法である。

本書各章のうち，序章，第1章，第6章，終章，補論は，書き下ろしである。その他の章の初出は，以下のようである。

第2章 「外国人の国政選挙権について」法学新報105巻12号
第3章 「外国人の被選挙権について」法学新報106巻1・2号
第4章 「外国人の地方参政権と民主制の原理――ドイツにおける理論と実践」比較憲法学研究23号
第5章 「ドイツにおける「EU市民」の参政権」比較法雑誌33巻3号

なお，第2章，第3章，第5章の初出論文は，これを大幅に書き改めた。第4章の初出論文は，これを一部書き改めた。

本書の上梓につき，日本比較法研究所の皆様には，いろいろご高配戴きました。編集担当の関口夏絵氏，出版部の善如寺良氏には大変お世話になりました。あわせてお礼申し上げます。

　外国人参政権をめぐる理論的解明に，本書が少しでも寄与することができれば，筆者のよろこびとするところです。

　平成26年1月3日　多摩川河畔の書斎にて

　　　　　　　　　　　　　　　　　　　　　　　　　　　長　尾　一　紘

目　　次

まえがき

序章　外国人の選挙権を考える

　　Ⅰ　はじめに　*1*
　　Ⅱ　共同体市民権と外国人の参政権　*2*
　　Ⅲ　外国人の選挙権と学説の状況　*3*
　　Ⅳ　外国人の選挙権と判例の立場　*5*
　　Ⅴ　比較の対象としてのドイツ　*7*

第1章　地方選挙と外国人の参政権

第1節　はじめに ……………………………………………… *9*
第2節　ドイツにおける外国人の地方参政権 ……………… *10*
　　Ⅰ　外国人の選挙権と「支配の民主的正当化」論　*10*
　　Ⅱ　許容説の主張　*13*
　　Ⅲ　禁止説の主張　*14*
　　Ⅳ　憲法上の諸原則と外国人の選挙権　*17*
第3節　日本国憲法と外国人の地方選挙権 ………………… *18*
　　Ⅰ　憲法上の要請であるとする見解　*18*
　　Ⅱ　憲法上許容されているとする見解　*22*
　　Ⅲ　憲法上禁止されているとする見解　*27*
第4節　定住外国人の参政権問題について ………………… *29*
　　Ⅰ　平和条約発効にともなう国籍変更の問題　*30*
　　Ⅱ　「強制連行論」の問題　*33*
　　Ⅲ　二重の選挙権の問題　*34*
第5節　結　　語 ……………………………………………… *35*

第2章　国政選挙と外国人の参政権

第1節　はじめに …………………………………………………… 37
第2節　外国人の国政選挙権・合憲論の論拠 ……………………… 39
　Ⅰ　浦部法穂の見解　39
　Ⅱ　奥平康弘の見解　40
　Ⅲ　江橋崇の見解　40
　Ⅳ　合憲論の論拠について　41
第3節　「国民」概念の拡張論 ……………………………………… 42
　Ⅰ　さまざまな議論　42
　Ⅱ　フランス革命と「国民」の概念　43
　Ⅲ　「国籍」相対化論　45
　Ⅳ　日本国憲法と「国民」の概念　47
第4節　「同一性民主主義」論 ……………………………………… 49
　Ⅰ　治者と被治者の同一性　49
　Ⅱ　同一性民主主義と立憲民主主義　50
第5節　選挙権は「人間の権利」なのか，「国民の権利」なのか …… 51
　Ⅰ　「人間の権利」と「国民の権利」　51
　Ⅱ　自然法の機能　52
　Ⅲ　選挙権と自然権　53
　Ⅳ　自然権拡張論　54
第6節　「地球民主主義」と日本国憲法 …………………………… 56
　Ⅰ　地球民主主義の法理論　56
　Ⅱ　グローバリゼイション論の陥穽　57
　Ⅲ　地球民主主義の歴史観　58
第7節　結　　語 …………………………………………………… 59

第3章　外国人と被選挙権

第1節　はじめに …………………………………………………… 61
第2節　国政選挙における外国人の被選挙権 ……………………… 62

A　ドイツにおける学説の概要　*62*
　　　　I　ドルデの合憲論　*62*
　　　　II　支配的見解としての違憲論　*63*
　　　B　日本国憲法と外国人の被選挙権　*64*
　　　　I　奥平康弘の見解　*64*
　　　　II　辻村みよ子の見解　*67*
　　　　III　横田耕一の見解　*72*
　第3節　地方選挙における外国人の被選挙権 ……………………… *74*
　　　A　ドイツにおける外国人の被選挙権　*74*
　　　　I　外国人の被選挙権の導入　*74*
　　　　II　学説の分類　*75*
　　　B　日本国憲法と外国人の被選挙権　*77*
　　　　I　学説の状況　*77*
　　　　II　禁止説の主張　*77*
　　　　III　許容説とその問題点　*78*
　第4節　結　　語 ……………………………………………………… *81*

第4章　外国人の参政権と民主制の原理
　　　　――ドイツにおける理論と実践――

　第1節　はじめに ……………………………………………………… *85*
　第2節　外国人参政権の合憲性 ……………………………………… *88*
　　　　I　学説の状況　*88*
　　　　II　合憲論の主張・さまざまな論拠　*89*
　　　　III　違憲論の主張・さまざまな論拠　*92*
　　　　IV　連邦憲法裁判所の判決　*97*
　第3節　憲法改正によるEU市民参政権の導入 …………………… *99*
　　　　I　EU市民参政権の導入　*99*
　　　　II　民主制の例外か，民主制の修正か　*101*
　　　　III　「国民」概念の変容か，「国民」をこえた選挙権の保障か　*104*
　第4節　結　　語 ……………………………………………………… *106*

第 5 章　ドイツにおける外国人の参政権

- 第 1 節　はじめに ………………………………………………… *109*
- 第 2 節　憲法の改正による EU 市民参政権の導入 ……………… *110*
  - Ⅰ　外国人の選挙権導入への動き　*110*
  - Ⅱ　憲法裁判所の違憲判決　*112*
  - Ⅲ　パリ首脳会談からマーストリヒト条約へ　*114*
- 第 3 節　EU 市民参政権の内容 …………………………………… *115*
  - Ⅰ　「EC 法の基準」による参政権の保障　*116*
  - Ⅱ　参政権保障の範囲　*118*
- 第 4 節　各州における EU 市民参政権の具体化 ………………… *120*
  - Ⅰ　選挙制度は州ごとに異なる　*120*
  - Ⅱ　EU 市民の参政権に消極的な州　*121*
  - Ⅲ　EU 市民の参政権に好意的な州　*124*
- 第 5 節　残された問題点 ………………………………………… *125*
  - Ⅰ　EU 市民の住民投票権　*125*
  - Ⅱ　第三国出身の外国人の参政権？　*128*
- 第 6 節　結　語 …………………………………………………… *130*

第 6 章　憲法改正によって外国人に選挙権を与えることは可能か

- 第 1 節　はじめに ………………………………………………… *131*
- 第 2 節　ドイツにおける理論と実践 …………………………… *131*
  - Ⅰ　憲法改正による，外国人・地方参政権の導入　*131*
  - Ⅱ　外国人の国政選挙権と憲法改正の限界　*135*
- 第 3 節　日本国憲法の場合 ……………………………………… *138*
  - Ⅰ　憲法改正によって外国人に国政選挙権を与えることは可能か　*138*
  - Ⅱ　憲法改正によって外国人に地方選挙権を与えることは可能か　*140*
- 第 4 節　結　語 …………………………………………………… *142*

終章　ドイツの法理　日本の学説

  Ⅰ　2つの課題　*145*
  Ⅱ　外国人参政権の憲法論　*146*
  Ⅲ　外国人参政権をめぐる「法」と「政治」　*148*

補論　戦後憲法学における「国家」と「国民」

  Ⅰ　はじめに　*151*
  Ⅱ　戦後憲法学について　*153*
  Ⅲ　戦後憲法学と「国家」の問題　*155*
  Ⅳ　近代国家と「国民」の観念　*161*
  Ⅴ　福沢諭吉の「客分」論　*163*

序　章

外国人の選挙権を考える

I　はじめに

　外国人の参政権を導入することは，日本国憲法の下において許されるのであろうか。

　この問題を検討するためになすべきことが2点ある。

　第1に，日本における学説の動向を整理する必要がある。80年代末から90年代末にかけて，外国人の選挙権の問題は，学界のみならず，ジャーナリズム，市民団体などの関心を集めながら，多くの論者のよって議論されてきた。この間に学説は大きく変容し，新たに判例が形成された。

　第2に，比較法的な検討が必要とされる。比較の対象としては，ドイツの法理論が最適かと思われる。外国人の参政権の問題は，ドイツにおいてもっとも徹底的に議論され，高度な理論的展開をとげた。

　ところで，日本においても，ドイツにおいても，この問題について，このところ目立った動きがみられない。ドイツにおいては，70年代後半から1992年の憲法改正にかけて，外国人参政権の問題は，憲法学説のもっとも重要な問題のひとつとして盛んに議論された。そしてじつに多くの論者がこの論争に加わった。しかし，1992年を境として，この問題をめぐる議論は沈静化している。

　日本においても，10年ほどの時差があるものの，この問題は，80年代末以降，多くの論者を巻き込んで盛んに議論されたが，現在ではそのような活気をみることができない。

　しかし，日本において，外国人の参政権の問題は，理論的にも，また政治的にも決着をみたわけではない。この問題は現在の日本において，一時的な小康

状態にあるとみることができる。

現在において必要なことは，これまで内外において公表されてきた理論的な成果を検討し，整理し，評価することにある。ドイツ学説の営為は，70年代後半から1992年までの時期に集中している。この時期に豊かな理論的成果が残されたが，日本に紹介されたのはその一部にとどまる。

日本においても，90年代の議論の活況のなかで多様な見解が発表されたが，これらを検討し評価する作業は，これまで必ずしも十分になされたわけではない。以下，各章において，このような点に留意しつつ，外国人の参政権の問題を検討することにしたい。

II 共同体市民権と外国人の参政権

90年代の日本における，外国人参政権をめぐる議論の盛行の要因は，ヨーロッパの状況の変化にある。ヨーロッパにおける，外国人参政権導入への動きが，日本の学説に大きな影響を与えた。

1. 2つの要因

ヨーロッパにおける外国人の選挙権の導入には，2つの要因がある。

第1に，当時，急激に増加しつつあった外国人労働者の存在を挙げることができよう。戦後，急速な経済回復をなしとげた西欧諸国において，構造的な労働力の不足が生じた。これをおぎなったのが外国人の労働者である。外国人労働者は，家族のよびよせや出産などによって西欧社会に定着し，新たな「移民現象」が生じた。彼らは，南欧，東欧そしてアフリカ諸国などから流入した。人口減少の傾向にある西欧諸国において，これらの外国人労働者なしでは，経済発展は不可能であった。しかし，他方において，これらの外国人労働者は，出身国の生活慣習，宗教文化などを西欧社会にもちこみ，さまざまな面で文化的な摩擦が生じていた。かくして，これらの者をいかにして各国それぞれの社会に「統合」するか，いう問題が生じた。その一環として，選挙権保障が議論されることになった。

第2の要因として，ECを中心とする，ヨーロッパ統合への動きを挙げることができる[1]。1974年のパリ首脳会議において，ヨーロッパの政治的協力を促進する方針がうちだされた。そして，その方法のひとつとして，加盟国相互における，居住外国人に対する地方選挙権の付与が検討された。1986年には，EC委員会が，EC加盟国の国民に対して居住国における地方選挙に参加する権利を認める方針を表明するに至った。このような動きを先取りして，デンマーク，オランダ，アイルランドなどが，EC加盟国の国民にかぎらず，外国人に地方選挙権を認めることになった。

2．共同体市民権としての参政権

　1992年2月7日，マーストリヒト条約が締結された。この条約は，ヨーロッパの政治的統合を目標にかかげ，その一環として，「共同体市民権」を創設した。「共同体市民権」の内容として，EC内を自由に移動し，居住する権利，居住国において欧州議会選挙に参加しうる権利，自国の代表がおかれていない第三国において，他の構成国の外交的・領事的保護を受ける権利などとならんで，EC内の居住国で，外国人として地方選挙に参加する権利が挙げられた。
　その後間もなく，各構成国において，地方選挙への外国人参加の制度が導入されるに至った。外国人への地方選挙権の付与が憲法に反するとされていたドイツ，フランスなどにおいては，そのために憲法改正をしなければならなかった[2]。

Ⅲ　外国人の選挙権と学説の状況

1．学説の変動

　戦後日本の憲法学説において，外国人に参政権を付与することが違憲であることは，改めて論証するまでもない，当然のこととされていた。合憲論もないわけではなかったが，あくまで例外的な存在とされていた。当時発表された論

---

1)　本書114頁。
2)　本書99頁。

文において，合憲説を主張することは「荒唐無稽の感を否めない」などと述べられていたほどである[3]。

このような状況は，90年代の末ごろには一変していた。合憲説（許容説）が10年足らずのうちに多数説になっていた。平成7年には，最高裁が合憲説の立場を示すに至っている。当時いわれたように，まさしく学説変更の「なだれ現象」が生じたのである。その後，判例と多数説に対する，違憲説からの根強い批判がなされているものの，このような学説状況はいまに続いている。つぎに，現在の理論状況を概観することにしよう。

2．学説の概要

(1) まず，国政選挙と地方選挙に分けて考える必要がある。

ドイツでは，国政選挙権を外国人に与えてはならないということは「あまりに自明なことで論証を必要としない」とまでいわれている。国民主権，民主制の原理に明らかに違反するからである。日本においては，外国人に国政選挙権を与えても違憲ではないとする所論が存在するが，やはり少数説にとどまっている。

地方選挙権については，学説は3説に分かれる。第1の見解は，外国人に選挙権を与えることは，憲法上禁止されているとする。選挙権を与えれば違憲であるとされることになる（禁止説）。第2の見解は，外国人に選挙権を与えることは憲法上の要請であり，選挙権を与えなければ違憲であるとする。したがって，現在の公選法は憲法に違反するということになる（要請説）。第3の見解は，外国人に選挙権を与えるかどうかは国会の判断に委ねられており，法律によって与えることも合憲であるが，外国人を排除しても合憲であるとする。したがって，現行の公選法は，合憲ということになる（許容説）。

80年代末までは，国政選挙，地方選挙ともに，禁止説が当然のこととされていた。現在では，国政選挙については，学説の多数が違憲説をとり，少数の

---

3) 長尾・外国人の人権――選挙権を中心として（芦部編「憲法の基本問題」1991年）172頁。

論者が合憲説をとっている。地方選挙については，学説の多数が合憲説（許容説）をとり，違憲説は，有力に主張されているものの，多数とはいえない状況である。そして，要請説も少数ながら主張されている。

(2) 90年代における，憲法学説の変動には，まことに著しいものがある。しかも，論争らしい論争もほとんどないままに，この変動が生じた。この点において，ドイツの状況との相違は明らかである。

ドイツにおいては，70年代以降，長期にわたる激しい論争にもかかわらず，多数の論者は違憲説を維持し続けた。連邦憲法裁判所も，外国人の地方参政権導入について違憲判決を下した[4]。その結果，マーストリヒト条約における，地方参政権の相互的保障をおこなうために，憲法改正が必要とされた。そして，憲法改正によってEC市民に参政権を与えることになった後においても，EC構成国以外の国を出身国とする一般外国人については，今なお違憲説が維持されている。

日本における学説の多数は，90年代における学説変動の前までには，外国人に選挙権を与えることは，たとえ地方選挙のレベルのものであっても，国民主権，民主制の原理に違反すると主張してきた。学説変更にあたって，国民主権，民主制の原理についての理解にいかなる変化が生じたのであろうか。この点について，今なお明らかにされていない状況にある。この点に留意するならば，学説変動のさいにおける論争の不在は，やはり特異な現象とみる必要があるのではなかろうか。

つぎに判例をみることにしたい。

Ⅳ 外国人の選挙権と判例の立場

1．国政選挙について

最高裁は，外国人に対する選挙権の付与につき，国政選挙については禁止説をとり，地方選挙については，憲法上，これを与えても，与えなくてもよいも

---

4) 本書97頁。

のとした。まず，前者をみることにしたい。

　最高裁は，国政選挙との関係において，平成5年につぎのように合憲判決を下した[5]。

　　国会議員の選挙権を有する者を日本国民に限っている公職選挙法9条1項の規定が憲法15条，14条の規定に違反するものでないことは，最高裁昭和53年10月4日大法廷判決〔マクリーン事件判決〕の趣旨に徴して明らかであり，これと同旨の原審の判断は，正当として是認することができる。

　この判決については，判決理由があまりに簡素である点に難があるが，結論においては妥当とすべきであろう。

2．地方選挙について

　最高裁は，地方選挙権について，平成7年につぎのような判断を示した[6]。

- 憲法93条2項にいう「住民」とは，地方公共団体の区域内に住所を有する日本国民を意味するものと解するのが相当であり，この規定は，我が国に在留する外国人に対して，地方公共団体の長，その議会の議員等の選挙の権利を保障したものということはできない。
- 我が国に在留する外国人のうちでも，永住者であってその居住する区域の地方公共団体と特段に緊密な関係をもつに至ったと認められる者について，法律をもって，地方公共団体の長，その議会の議員等に対する選挙権を付与する措置を講ずることは，憲法上禁止されているものではないと解するのが相当である。
- しかしながら，このような措置を講ずるか否かは，専ら国の立法政策にかかわる事柄であって，このような措置を講じないからといって違憲の問

---

5)　最判平成5・2・26（判例時報1452号37頁）。
6)　最判平成7・2・28（判例時報1523号49頁）。

題を生ずるものではない。

　最高裁は，現行法を合憲としながらも，かりに外国人の地方選挙権を導入したとしても合憲と評価されうる旨を示した。最高裁は，地方選挙については，学説上にいわゆる「許容説」の立場にたつ旨を示したのである。
　最高裁のこのような判示は，「傍論」においておこなわれた。この点については学説の批判するところとなっている。
　日本国憲法のもとにおいて，裁判所は，原則として当該事件とかかわりのあるかぎりにおいて法的判断をなしうる立場にある。当該事件に対する裁判所の判断は，「判決理由」において示される。これ以外の発言は，文字どおり「傍論」とされる。
　傍論における発言は，これを正当化する，なんらかの理由を必要とする。ところが本件の事案においては，ここで傍論を述べるべき理由がなんら存在しない。
　当時，外国人の選挙権導入をめぐって，学説のみならず，政党，市民団体などの間で争いがみられた。この問題はまさしく高度に政治的な問題であった。このような状況のなかで，最高裁が主導的に，一方の政治的主張を「傍論」という形で述べることは，権力分立の原則からも許されないものと思われる。
　最高裁のこの傍論は，流動的な状態にあった学説の動向に大きな影響を与えた。学説変動の決定的要因になったのである。また，政治のレベルにおいても，導入推進論に有利な状況を作り出した。最高裁のこの傍論には，いわゆる「政治司法」の難があり，内容以前に問題があるといわざるをえない。

V　比較の対象としてのドイツ

　日本の学説の長短，特質を把握するためには，比較法的な検討が必要とされる。ドイツの法理論の内容については第1章以下において示すことにして，ここではドイツ法理の展開過程をみることにする。学説の展開は，3つの時期に分けることができる。

その第 1 期は，70 年代から 80 年代中ごろにかけての時期である。外国人労働者が急増して，さまざまな社会問題が発生した。政党，市民団体などによる，外国人参政権の導入論は，この社会問題の解決の手段として提案された。このような状況の下に，当時，外国人参政権をテーマとして多くの研究論文，単行書が発表された[7]。それらにおいて，合憲論をとる論者が少なくなかった。教科書やコメンタールなどにおいては違憲説が多数であったが，この当時の研究論文では，合憲説が多くとられていた。

　第 2 期は，80 年代後期のものである。ドイツ連邦憲法裁判所は，1990 年に外国人の地方参政権を導入した州の法律を違憲と判示した。この憲法裁判の過程において，激しい論争が展開された。合憲説の論者も，違憲説の論者もこの論争に積極的に参加した。この時期において，違憲説からの合憲説への反撃がなされた。この時期における議論の特質は，なによりもまず，論争的であることを特質とする。その反面，新たな理論的な展開を示すものは多くなかったように思われる。

　第 3 期は，1992 年の憲法改正の後の時期である。この時期における議論は，2 つのタイプに分けることができる。

　その第 1 は，改正された憲法規定にしたがって，各州ごとに導入された外国人参政権の実証的な研究である。その第 2 は，この憲法改正によって，ドイツ憲法の民主制の原理，そして国民主権の原理にいかなる影響が生じたかを検討するものである。このタイプの研究は政治哲学，法哲学上の問題に接点をもつことになる[8]。

　なお，これらの 3 つの時期の議論のうち，第 3 期の議論は，外国人の参政権の合憲性いかんの問題とは直接の関係をもつものではない。

　以下，これらの点に留意しつつ，日本とドイツの法理論を比較しながら，外国人の選挙権の合憲性について検討することにしたい。

---

7)　長尾「外国人の参政権」2000 年，69 頁。
8)　本書 101 頁。

第1章

地方選挙と外国人の参政権

第1節　はじめに

　外国人の参政権にかかる問題のなかで，もっとも議論が集中するのが地方議会議員選挙における選挙権の問題である。

　日本国憲法の下において，外国人に地方選挙権を付与することは許されるであろうか。外国人の地方選挙権の問題について，①憲法上禁止されており，選挙権の付与は違憲になるとする見解（禁止説），②憲法上要請されており，外国人を地方選挙から排除することは違憲であるとする見解（要請説），③憲法はこの問題についての判断を立法府に委ねており，法律によって外国人を排除しても合憲，外国人に選挙権を付与しても合憲であるとする見解（許容説）の3説がある。

　違憲説（禁止説）と合憲説（要請説・許容説）との争点は多様であるが，とりわけ重要なものが国民主権と民主制の原理である。

　地方自治体も国家機構の一部である。したがって，国民主権，民主制についての理解が従来のものであるかぎり，外国人に選挙権を与えることは，たとえ地方選挙のレベルのものであっても，これらの原理に反することになる。

　ドイツにおいてはこの点をめぐって，長期にわたり徹底的な議論がなされた。合憲説の立場から民主制，国民主権の原理について多様な議論が展開されたが，違憲説を多数とする学説状況を動かすには至らなかった。

　日本においては，国民主権，民主制の原理について，ほとんど議論がなされることなく学説の変更がおこなわれた。合憲論者にとって，この問題について

検討することは，いわば残された宿題というべきものである。

本章においては，このような観点から，外国人の地方参政権の問題について，基礎的な概念に遡って再検討することにしたい。

第2節　ドイツにおける外国人の地方参政権

この問題を検討するにさいして，ドイツの学説を参照することにしたい。

ドイツにおける外国人の地方参政権に関する議論は，連邦憲法裁判所の違憲判決 (1990年)，憲法改正による EU 市民参政権の導入 (1992年) を契機として，理論状況を一変させている。

学説の流れは，第1期 (70年代中ごろから80年代中ごろ)，第2期 (80年代後半)，第3期 (憲法改正以降) に分けることができる。外国人参政権の問題は，第1期においては研究の対象とされ，第2期においては論争の対象とされたが，第3期においては，法理学的，政治哲学的考察の対象とされている[1]。

ドイツにおいて，この問題は，地方議会に関する憲法規定 (28条) における「国民」概念の解釈をめぐって議論されている。そのさい重要な役割を果たしているのが「支配の民主的正当化」の観念である。

I　外国人の選挙権と「支配の民主的正当化」論

(1)　ドイツにおいて，国政選挙について外国人を参加させることが憲法上許容されえないということは定説とされているが，自治体選挙については，学説が分かれる。憲法上，禁止されているとする見解が多数であるが，許容されて

---

[1]　合憲性についての理論的究明は，主に第1期におこなわれた。以下に示す，ブレア，ビルケンハイアーの論文は，第1期に書かれたものであるが，それぞれ，許容説，禁止説を代表する文献である。第2期における重要文献としては，イーゼンゼーらの編になる，外国人参政権に関する憲法裁判の資料集を挙げることができる (本書87頁)。第3期の文献の例としては，101頁11)，116頁4)，そして下記の文献などがある。R. Keil, Kants Demokratieverständnis und Ausländerwahlrechte heute, 2005.

いるとする見解も有力である[2]。
　この問題に関する議論は，憲法のつぎの条項における「国民」概念の解釈をめぐって展開されてきた。

　・「すべての国家権力は，国民より発する」(20条2項前段)。
　・「ラント，郡および市町村においては，国民は，普通，直接・自由・平等・秘密の選挙にもとづく代表機関を有しなければならない」(28条1項2段)。

　前者は国民主権条項であり，ここにいわゆる「国民」に外国人が含まれえないことは当然のこととされている。後者は地方議会条項である。ここにいわゆる「国民」の概念に外国人が含まれうるか否かについては争いがある。
　支配的見解においては，国民主権条項における「国民」概念と地方議会条項における「国民」概念は同質なものとして把握され，その結果，外国人が排除されることになる。一方，許容説は，両条項における「国民」概念は必ずしも同質のものである必要はないとし，その結果，必ずしも外国人を排除するものではないとする。

(2)　この論争において，「支配の民主的正当化」の観念がとりわけ重要な役割を果たしている。
　絶対君主国家において，君主の支配権の正当化根拠は「神の意志」にもとめられた。ここでは，支配の正当化は，上から下に作用する。これに対して，民主制国家においては，支配の正当化根拠は「国民の意思」にもとめられる。ここでは，支配の正当化は下から上に作用する。
　民主国家といえども「国民」自らが統治権を行使することは不可能であり，国家機関の担当者にそれを委ねざるをえない。すべての国家機関の地位と作用

---

　2)　近時における学説の概要については，Scholz, in: Maunz / Dürig, Grundgesetz-Kommentar, 2009, Art. 28 Rn 41 f.

は，「国民」によって正当性が付与されたものでなければならない。議会制民主国家において，支配の正当化は議会選挙によって付与される。ドイツにおいても，国政選挙によって与えられた支配の正当性は，各種行政機関等の直接的・間接的コントロールを通じて，いわば「連鎖」としてすべての国家機構をカバーするものとされている。

　ところで，このような一般論が，自治体についてもそのまま妥当するものであるか否かについては，議論のあるところである。たしかに，自治体に帰属する統治権は自治体固有のものではなく，単一的な国家の統治権の一部を構成するものである。そして，自治体の高権行為は，国家による法律上の規制と監督作用のもとにおかれている。この意味において，自治体が国政選挙にもとづく「国民による民主的正当化」の作用のもとにおかれていることは明らかである。

　しかし，他方において，地方自治体は，国と別個の法人格をもつ自立的な団体であり，それぞれ固有の地方議会を有する。そして，それぞれの地方議会議員選挙を通じて，当該自治体の「住民による民主的正当化」がなされる。一般の行政官庁とは異なり，自治体においては，このように，「国家レベルにおける正当化」と「自治体レベルにおける正当化」が二重に作用するのである。

　この2つの「正当化」の相互関係をいかに把握すべきかという点については学説上きびしい対立があり，それが外国人の自治体選挙権の理論形成に決定的な影響を与えている。

　以下，このような点に留意しつつ，代表的学説を概観することにしたい。このさい問題となるのはつぎの2点である。

① 国政選挙にもとづく「国家レベルにおける正当化」と自治体選挙にもとづく「自治体レベルにおける正当化」の相互関係はいかなるものか。
② ドイツにおいて，このふたつの「正当化」の主体は，憲法上ともに「国民」(Volk) にあるとされている。国政選挙の選挙権者である「国民」と自治体選挙の選挙権者である「国民」とは，同質なものでなければならないのか。

II　許容説の主張

　許容説の立場から，上記の2つの正当化論について多様な見解が示された。その代表的な論者として，ブレアの名を挙げることができる。ブレアは，つぎのようにいう[3]。

① 〔国家的正当化について〕　国家権力の単一性の原則からすれば，すべての高権行為の正当化の源泉はただひとつでなければならない。

　　ただひとつの正当化の源泉は「国民」による正当化である。自治体の高権行為もまた例外ではなく，「全体としての国民」による正当化を必要とする。このような正当化の連鎖のリンクは，自治体にあっては，国による権能の授権等にみることができる。これを，地方自治体の高権行為に対する「国家的正当化」ということができる。

② 〔地域団体的正当化について〕　地方自治体の高権行為の正当化は，地域団体，すなわち地方自治体の「国民」によっても付与される。自治体は，自治権を有する公法上の団体である。公法上の団体は，その構成員がその意思形成に参加しうることを特質とする。また，自治体の意思形成は，民主主義の原則にもとづいて共同決定されなければならない。これを「地域団体的正当化」ということができる。

　　自治体の高権行為には，上からの正当化（国家的正当化）のほか，下からの正当化（地域団体的正当化）が必要とされる。いわば，「二重の正当化」が必要とされるのである。

③ 〔国民主権原理と外国人の自治体選挙権〕　国民主権原理にもとづく「国家的正当性」は，自治体選挙から外国人を排除することを要求するものではない。なぜなら，「国家的正当性」は議会の制定する法律によって示さ

---

[3]　D. Breer, Die Mitwirkung von Ausländern an der politischen Willensbildung in der BRD durch Gewährung des Wahlrechts, insbesondere des Kommunalwahlrechts, 1982, S. 92ff.

れるが，自治体の高権行為（たとえば，条例の制定）はこの法律の枠内においてのみおこなわれうるものとされているからである。そして，自治体がこのような要請を遵守しているか否かについては，国は，裁判所による審査権などの監督制度をとおして確認しうる。

　「国家的正当化」が法律において示され，「地域団体的正当化」が条例において示されるとするならば，後者が前者を破ることはない。条例に外国人の意思が混入しても，国民主権原理が損なわれることはない。

④〔「同質性」について〕　憲法28条1項第1段は，「ラントの憲法的秩序は，この基本法の意味における共和制的，民主的および社会的法治国家に適合しなければならない」として，ラントの基本秩序と連邦の基本秩序（20条1項）の間に「同質性」が保持されるべきことを要求している。学説において，この同質性を強調し，国政選挙の担い手と自治体選挙の担い手の間においても同質性が保持されるべきことを要求することにより，外国人を排除しようとする見解が主張されているが妥当ではない。基本秩序の同質性が要求されるのは，連邦とラントの関係においてであり，ラントと地方自治体の関係においてではないのである。

III　禁止説の主張

(1)　許容説の主張をきびしく批判し，伝統的見解を理論的に再構成したのはビルケンハイアーであった[4]。

　氏は，自治体選挙の主体である「国民」とは，国民主権条項にいう「国民」と質的に等しいものでなければならず，前者は後者の「一切片」でなければならないとする。後者が「全体としての国民」であるとするならば，前者はその「部分としての国民」でなければならない。後者に外国人を含める余地がない以上，前者においても外国人を含める余地はなく，したがって，自治体選挙において外国人の選挙権を認めることは，憲法上禁止されているとする。

　ビルケンハイアーもまた，自治体の自治行政に「二重の正当化」がみられる

---

[4]　Birkenheier, Wahlrecht für Ausländer, 1976, S. 105ff.

ことを肯定する。すなわち，自治行政に対する国家による監督作用のなかに，国民主権条項が要請する「全体としての国民」による正当化をみいだし，他方，自治体選挙のなかに，「部分としての国民」による正当化をみいだしている。許容説との相違点は，2つの正当化の間に同質性が必要とされている点にある。国家と自治体の同質性について，つぎのようにいう。

　憲法28条2項は，自治体レベルにおいて国民代表の原理を導入し，民主的選挙原則の遵守を要請する。これによって自治体は，民主的正当化の作用の範囲内におかれることになった。自治体は，段階構造をなす民主的国家機構のなかで最下位の段階に位置する。憲法は，自治体が国家と同じく民主的構造をもつものでなければならないとすることにより，自治行政と民主主義の一体化を要求したのである。
　自治体と国家の同質性は，自治体選挙における民主的選挙原則の導入のみならず，民主主義の担い手の同質性をも要請する。自治の原理と結びついた「地域的民主主義」は，「国家レベルの民主主義」と人的基礎を等しくする。国家レベルにおいて要求される国民主権の原理は，民主的国家機構の最下位の段階にある自治体においても作用する。自治体選挙の選挙人は，国政選挙の選挙人であることを必要とする。前者は後者の「一部」でなければならないのである。

(2)　ビルケンハイアーは，上記の所論を補強すべく，さらにつぎの諸点を指摘する。

①　憲法28条1項は，「ラント，郡，市町村においては，国民は代表機関を有しなければならない」と定めている。学説の一部は，この「国民」という語を，ラント議会議員選挙との関係においては「ドイツ国民」にかぎられるものとしながら，自治体選挙との関係においてはかならずしも「ドイツ国民」にかぎられないものとする。しかしながら，同一文脈上の同一概

念の意義について，このように異なった把握をすることは妥当とは思われない。

② 地方自治体と同じく，大学にも憲法上，自治が保障されている。そこで，大学においては外国人である構成員についても大学運営に参加する権利が保障されているのに，自治体においてこれを認めないのは不合理ではないか，との議論がなされている。これに対しては，つぎのような反論が可能である。

　第1に，大学におけるこのような権利は，憲法上，学問の自由（5条3項）などの基本権に基礎をおくものである。第2に，大学の構成員の立場は自治体の構成員（住民）の立場のような一般性をもつものではなく，両者を同じ平面で比較することは妥当ではない。

③ 憲法28条1項2段は，地方自治体においても「国民代表」機関をもうけるべきものとした。「国民」に属しない者がこの代表関係に参加するとすれば，自治体の代表機関は，もはや「国民代表」機関とはいえない。外国人の選挙参加を認めることは，民主的な支配関係に相応しない。なぜなら，それは必然的に民主的支配関係に質的変化をもたらすことになるからである。この条項は，支配の正当化の源泉を自治体の「国民」にもとめた。これは，「国民」に属さない者はこの関係から排除されるべきことを意味するのである。

(3) ビルケンハイアーの見解は，許容説の登場という新たな学説状況のもとにおいて，伝統的見解をより精緻なものに再構成したものである。

　ブレアの理論は，新鮮な魅力をもつものであるが，法解釈の基本ルールの視点からすれば，ビルケンハイアーの見解のほうが優れているように思われる。すなわち，文言解釈，体系的解釈，歴史的解釈，比較法的解釈，立法者意志的解釈，目的論的解釈のいずれにおいても，許容説の立論には無理があるように思われるのである。

Ⅳ　憲法上の諸原則と外国人の選挙権

　外国人の地方参政権合憲論の論拠としては、上に述べた支配の民主的正当化論が重要であるが、そのほかにも多くの論拠が呈示されている。これらを紹介し、これに対する禁止説からの批判を示すことにしたい。
　このような論拠として、しばしば憲法上の諸原則が呈示される。さしあたり、①普通選挙の原則、②平等選挙の原則、③一般的平等原則、④人間の尊厳の原理、⑤表現の自由、⑥社会国家原理、⑦民主制原理などが問題になりうるが、支配的見解は、つぎに示すように、いずれも立論の根拠にはなりえないものとする。

① 　普通選挙原則（ドイツ憲法38条1項）は、「国民」を選挙から違法に排除することを禁止するにとどまり、自ら「国民」の内容を確定する作用を含まない。また、歴史的解釈の観点からも、外国人に対する差別を禁止するものとは解せられない。
② 　平等選挙原則（同38条1項）は、票の重さの均等を要請する原則であり、選挙権享有主体の範囲の問題とは関係ない。
③ 　一般的平等原則（同3条1・3項）は、合理的差別を禁止するものではない。国籍による参政権の差別は合理的差別たりうる。
④ 　人間の尊厳の原理（同1条1項）は、たしかに各人を政治支配のたんなる「客体」とすることを許すものではない。しかし、外国人は、言論活動などをとおして政治的主体性を発揮しうる。また、出身国における選挙権行使の可能性は留保されており、滞在国における選挙権の否認によって、ただちに人間の尊厳が侵害されるわけではない。
⑤ 　表現の自由（同5条1項）は、あくまで世論形成にかかわるのみであり、国家意思の直接的形成にかかわる選挙権の根拠条項たりえないことは明らかである。
⑥ 　社会国家原理（同20条1項）は、国家目的を定式化したものであり、こ

こから政治参加への権利を引き出すことは不可能である。
⑦　民主制原理（同 20 条 1 項）については，のちに検討することになるので，ここではつぎの点を指摘するにとどめたい[5]。

外国人は，他国の対人高権に服するなど，滞在国国民とその法的地位を著しく異にする。民主主義的平等の理念からも，参政権について外国人を国民と同様に処遇するのは妥当とはいえない。

以上にみたように，多様な立論が展開されたが，学説の基本的な動向に変化はなく，連邦憲法裁判所も禁止説の立場を支持した。

第 3 節　日本国憲法と外国人の地方選挙権

外国人に地方選挙権を与えることが憲法上要請されているか否か，許容されているか否かの問題について，学説は禁止説，許容説，要請説に分かれる。
まず要請説をみることにしよう。

I　憲法上の要請であるとする見解

1．要請説の主張

(1)　少数の論者において，外国人に地方選挙権を付与することは憲法上の要請である，したがって，これを否定している現行の選挙法は違憲である，との主張がなされている。

この要請説の論拠は論者によって一様ではないが，総じてつぎのような主張がなされる傾向がみられる。

①　日本国憲法の諸原則，とりわけ，普通選挙の原則，平等選挙の原則，法の下の平等，個人の尊厳の原理，民主制の原理は，外国人に地方選挙権を付与することを要請している。

---

5)　本書 87 頁。

② 憲法15条1項は，参政権を「国民」の権利であるとするが，この「国民」に，日本国籍保有者のみならず，「日本国内における定住者」も含まれる。定住外国人もまた15条1項にいう「国民」であり，参政権の主体たりうる。

③ かりに，定住外国人が「国民」とはいえないとしても，少なくとも地域社会の構成員たる「住民」には含まれる。地方自治法10条1項は，「市町村の区域内に住所を有するものは，当該市町村およびこれを包括する都道府県の住民とする」と定める。外国人も，その地方公共団体に住所を有するときは，当然にその地方公共団体の住民とされる。憲法93条2項は，「住民」こそが選挙権者であるとしている。したがって，「住民」たる外国人には，地方選挙権が与えられなければならない。

(2) まず，憲法上の諸原則が外国人の地方選挙権を規範的要請としているか否かをみることにしたい。

日本国憲法の下において，普通選挙原則（15条1・3項），平等選挙原則（44条但書，14条1項），法の下の平等（14条1項），個人の尊厳の原理（13条前段），民主制の原理（前文，1条）がそれぞれ，地方選挙において外国人に選挙権を与えることを規範的要請とするものでないことは，ドイツ憲法の検討の結果からも推察されうるところである[6]。憲法上の諸原則を要請説の根拠にすることは困難である。

かくして，要請説の論者は，憲法93条2項における「住民」概念を重視する。

93条2項は，「地方公共団体の長，その議会の議員……は，その地方公共団体の住民が，直接これを選挙する」と定めている。この規定が地方公共団体の「住民」に地方選挙権を保障したものであることは明らかである。この「住民」という用語に一定の外国人が含まれるとするならば，その外国人には，憲法上，選挙権が保障されており，これを認めていない現行法は違憲とされること

---

[6] 本書17頁。

になる。

　要請説の立論には，二つのパターンがある。以下，それぞれをみることにしたい。

2．外国人は「国民」であるとする論拠について

　(1)　第1のパターンは，外国人は「日本国民」であるから，憲法上，地方選挙権の主体とされている「住民」に含まれるとするものである。

　平成7年に最高裁判決があった，定住外国人選挙権訴訟において，在日韓国人が地方選挙権の保障を争った。原告らは，上告にさいして，日本国憲法における「国民」，「住民」の用語につき，つぎのように主張した[7]。

　　地球上にいる人は，国政レベルにおいては定住場所（生活の本拠地）が属する国において参政権行使をなすべきである。地方政治レベルの参政権は，「限定された地域住民共同体（コミュニティー）において，共同生活上の利害関係について共同決定する」という本来的趣旨からして，当該地域の住民，すなわち，「居住者」が行使すべきこととなる。

　　したがって，憲法93条2項所定の「住民」とは「定住者」ではなくとも「居住者」であればこれに該当すると解される。

　(2)　上の主張は，憲法15条1項にいう「国民」＝定住外国人＋日本国籍保有者，としている。「定住者」である以上，外国人であっても「国民」である，とするのである。そして，93条の「住民」については，「定住者」であることも必要とされず，「居住者」であれば外国人もこれに含まれる，とする。93条の「住民」＝居住外国人＋定住外国人＋日本国籍保有者，とされるのである。

　外国人に対する選挙権保障を正当化するため「国民」概念を無限に拡張しようとする傾向は，日本の憲法学説において広くみられる傾向である。これにつ

---

[7]　定住外国人選挙権訴訟における原告主張（〔最判平成7・2・28〕判例時報1523号）55頁。

いては第2章でくわしく検討するので，ここではつぎのことを指摘するにとどめることにしたい。

　第1に，上の主張は，「地球上にいる人は，国政レベルにおいては定住場所が属する国において参政権行使をなすべきである」としている。「地球上にいる人」のなかには，日本国民も含まれることになる。したがって，この論旨からすれば，日本人がアメリカやフランスに定住したさいには，アメリカ，フランスの国政選挙権を法的に要求しうるということになる。

　当然のことながら，そのようなことはありえない。現在，外国人に国政選挙権を付与することを憲法上の義務としている国は存在しない。

　上の主張が，国際法，国内法いずれのレベルにおいても法的議論でないとするならば，その趣旨は論者の主観的願望の表現以外のなにものでもないのではなかろうか。

　第2に，憲法15条1項にいう「国民」とは「主権者」としての国民，すなわち，前文でいう「日本国民」にほかならない。そして，天皇が「日本国民統合の象徴」であることに留意するならば，ここにいう「国民」とは，天皇によってその統合が象徴される「国民」である。いかに「定住者」であっても，外国人がこのような「日本国民」に概念上含まれるとすることには，恣意的な憲法解釈ではないかとの印象を禁じえない。

3．外国人は「住民」であるとする論拠について

　(1)　要請説のもうひとつの立論の方法は，憲法15条の「国民」と93条の「住民」とについて，これらは内容を異にする概念であるとし，外国人は「国民」にはあたらないとしても，「住民」には該当するとして，外国人の地方選挙権を正当化しようとする。この見解にたつ論者は，つぎのようにいう[8]。

　　定住外国人が「国民」とはいえないとしても，少なくとも地域社会の構成

---

8)　金正圭・在日朝鮮人と地方参政権（徐編「共生社会への地方参政権」1992年）298頁。

員たる「住民」であることは争いようのない事実であるから，〔外国人参政権訴訟の〕原告らに地方自治体レベルでの参政権すら認めない現行の公選法は，明らかに，日本国憲法に違反するものといわねばならない。

　ここにいう「住民」が，その文意から，当然，その地方公共団体に住所を有する者すべてをいうことは明らかであり，地方自治法第10条1項も「市町村の区域内に住所を有する者は，当該市町村及びこれを包括する都道府県の住民とする」と規定するところである。外国人も，その地方公共団体に住所を有するときは，当然にその地方公共団体の住民とされるのである。

(2)　上の主張の拠りどころは，一般に，地方自治法10条における「住民」概念には，外国人も含まれるとされていることである。そして，地方自治法上の「住民」＝憲法上の「住民」とみることによって，憲法93条の「住民」には外国人も含まれるとする。このような立論は妥当といいうるであろうか。
　憲法93条は，「住民」について，「地方公共団体の長，その議会の議員」などの選挙権をもつものと定めている。「住民」こそが，地方公共団体のもっとも重要な意思決定機関（有権者団）であるとしている。
　しかし，93条にいう「住民」の概念は，地方自治法10条にいう「住民」と同一ではありえない。後者には，幼児などのほか，法人まで含まれている。これらが選挙権者として不適格なことは明らかだからである。
　憲法93条にいう「住民」概念に外国人を含ませることは困難である。要請説は，根拠のない議論であるといわざるをえない。

II　憲法上許容されているとする見解

　学説の多数は，許容説をとっている。すなわち，外国人に地方選挙権を与えるか否かは立法裁量の問題であって，これを与えても合憲，与えなくても合憲とする立場にある。
　許容説の立論は多様であって，論者によってその論拠を異にする。これらの論拠を整理すれば二つのパターンに分けることができる。その第1は，憲法上

の諸原則を根拠とする。その第2は、ドイツの許容説の影響をうけて、支配の民主的正当化の観念を援用する[9]。

以下、それぞれをみることにしよう。

1. 憲法上の諸原則と外国人の選挙権

許容説の論者の多数は、日本国憲法の諸原則、たとえば、普通選挙の原則、平等選挙の原則、法の下の平等、個人の尊厳の原理、民主制の原理などを外国人の地方選挙権の論拠とする。

これらの論拠は要請説の論拠と共通であるが、さらに、①「代表なくして課税なし」の原則、②人権の普遍性論、③国際協調主義を論拠として呈示する傾向にある。

普通選挙の原則以下の憲法上の諸原則が立論の根拠となりえないことは、ドイツの議論に照らして明らかである。つぎに、上記①、②、③についてみることにしたい[10]。

(1) しばしば許容説の論者によって「代表なくして課税なし」(no taxation without representation) の格言が引証される。この格言は、18世紀の植民地アメリカにおいて、母国イギリスに対する権利拡張運動のなかで用いられた政治的スローガンである。この格言が、現在の日本において外国人選挙権論の理論的根拠として用いられている。この論拠を「納税者の権利論」ということにしよう。

しかし、このスローガンを引証することには、つぎの3点において問題がある。第1に、植民地アメリカにおいてイギリス議会に対する議員選出権を主張した人々は、いずれもイギリス国籍をもつイギリス国民であり、外国人ではな

---

9) 筆者がかつてとっていた立場である。筆者は、かつて外国人の地方参政権について「合憲だが、導入には反対」の立場をとっていた。長尾・外国人の人権——選挙権を中心として（芦部編『憲法の基本問題』1991年）177頁。なお、本書150頁1)。

10) 本書17頁。

かった。この格言を外国人の権利主張のために用いることが妥当でないことは明らかである。

　第2に，納税者の権利論は，納税と選挙権を結びつけて，相互に密接な関係があるものとしている。しかし，選挙資格の要件として納税の事実を挙げることには問題があるといわざるをえない。このような論旨からすれば，納税をなしえないものは選挙参加への資格がないということにならざるをえない。

　納税者権利論の第3の問題点は，在日外国人が日本社会の「公共財」からいかに多大な恵沢を享受しているかという点を軽視する点にある。在日外国人は日常の生活において，病院に行き，学校に通い，社会保障を受けている。また，電気を使用し，道路を使っている。そしてなによりもまず，警察，消防，自衛隊などによる，治安・安全の保護を受けている。けっして税金を一方的に払っているわけではない。納税の負担に相応する利益を日本社会から享受しているのである。

(2)　許容説の論者は，しばしばつぎのように主張する。

　日本国憲法は，「人権」の保障をしている。「人権」とは，「人間の権利」である。「人権」は，普遍的原理である。ここに国民か外国人かの区別を論じることはできない。選挙権も「人権」である以上，その保障は外国人にも及ぶとみるべきである[11]。

　許容説の論者のこのような主張には，つぎのような問題がある。

　人権の普遍性という観念は自由権を念頭においたものであり，本来，選挙権には妥当しえない観念である。憲法上の権利は，「人間の権利」と「国民の権利」に二分される。選挙権は国民の権利である[12]。

(3)　許容説の論者は，しばしばつぎのように主張する[13]。

---

11)　たとえば，近藤敦「外国人参政権と国籍」1996年，16頁。
12)　百地章・憲法と永住外国人の地方参政権――反対の立場から（都市問題92巻4号27頁。なお，高乗正臣「人権保障の基本原則」2007年，86頁。

日本国憲法は，国際協調主義の立場にたっている。国際協調主義は，外国人を国民とひとしく取り扱うことを要求している。したがって，外国人にも選挙権が保障されているとみるべきだ。

このような主張にも問題があるように思われる。国際協調主義は，なによりもまず，日本政府に対して国際法遵守を要求する。その国際法は，各国に対して，外国人に選挙権を与えることを要求するものではない。

また，国際協調主義は国家と国家の関係にかかる原則であり，国家と個人の関係にかかる原則ではない。外国人の選挙権の問題と国際協調主義との間には特段の関係はないものとみるべきである。

2．「住民による民主的正当化」と外国人の選挙権

(1) 許容説の論者の一部は，ドイツの議論にヒントを得て，立論の根拠として「住民による民主的正当化」論を主張する。その内容はつぎのようである[14]。

　　国民主権の原理は，国民を起点とする「正当性の連鎖」（国民→国会→内閣→行政庁，という権力の正当化のつながり）が切断されないことを要請するが，日本国憲法の下において，外国人の地方選挙参加によってこのような事態が生ずることは法制度上ありえない。地方議会の条例制定は，「法律の範囲内」でおこなうこととされているからである（94条）。

　　外国人に選挙権を付与することにより国民の意向に反するおそれのある条例が制定されたとしても，その内容が法律と矛盾する場合には，制度上つねに法律の内容が優越するものとされている。したがって，法律に体現される「国民による権力の正当化」が，条例によって破られることは，本来的にありえない。

　　なるほど，日本国憲法93条2項にいわゆる「住民」の概念には，外国人

---

13) 後藤光男「共生社会の参政権」1999年，87頁。
14) 参照，9)。なお，長尾「外国人の参政権」2000年，84頁。

は含まれない。しかしこのような文言解釈のみによって，外国人の地方選挙参加が違憲であると即断することはできない。

93条2項の趣旨は，日本国民たる住民に対して自治体選挙についての直接選挙権を明文上要請するものであり，これ以上のものでも，これ以下のものでもない。したがって，外国人の地方選挙参加の可否については，93条2項はなにごとも語っていないというべきである。外国人の地方選挙権が禁止されているか否かについては，93条2項によってではなく，日本国憲法の体系的解釈によって判断しなければならない。

(2) このような主張が妥当なものでないことは明らかである。

この「住民による民主的正当化」論には，2つの問題点を指摘しうる。

第1に，「国民による民主的正当化」と「住民による民主的正当化」の間に同質性が必要とされるか否かが問題になる。この点については，ドイツの議論が参考になる。禁止説による許容説批判の論旨がそのまま日本の状況に妥当するように思われる[15]。すなわちつぎのようにいうことができよう。

憲法は，自治体が国家と同じく民主的構造をもつものでなければならないとすることにより，自治行政と民主主義の一体化を要求している。

自治体の国家との同質性は，「民主主義の担い手」の同質性をも要請する。自治の原理と結びついた「地域的民主主義」は，「国家レベルの民主主義」と人的基礎を等しくする。国家レベルにおいて要求される国民主権の原理は，民主的国家機構の最下位の段階にある自治体においても妥当する。

憲法93条における住民に対する選挙権の保障は，15条1項における国民に対する選挙権の保障を前提とする。自治体選挙の選挙人は，国政選挙の選挙人であることを必要とする。

(3) 第2の問題点は，「住民による民主的正当化」論は形式論に偏しており，現実の作用を看過しているように思われる。

---

[15] 本書14頁。

許容説は，あくまで国政と地方政治の区別が可能であることを前提とする。外国人に地方選挙権を与えても，これが国政に影響を与えないことが前提とされる。国政と地方政治の関係は，現在どのようなものとみることができるであろうか。結論からいえば，今日，国政と地方政治の区別が困難になっている。地方選挙が国政に直接の影響を与えうるような状況になっている。

　日本国憲法の下において，外交，防衛，領土の問題は，国政の専権事項とされている。地方自治体がこれらの問題の決定に参加することは認められていない。これらの問題は，議院内閣制のシステムをとおして，国会，内閣が決定するものとされている。

　このところ，基地問題が名護市の市長選挙の争点となっている。反対派の市長が当選すると，基地の移転が困難になるという事態が生じた。日本の安全保障の根幹が脅かされることになった。まさしく，地方政治が国政を決定するという状況になった。これは明らかに憲法の趣旨に反する事態とみることができる。

　ここで留意すべきことは，これらの選挙においてきわめてわずかな票差によって当落が決定していることである。

　このような状況の下で，地方選挙に外国人が参加することは，国政そのものに外国人ないし外国政府が影響を及ぼしうることを意味する。このようなことは，民主政治の原理からみて許されることではない[16]。

Ⅲ　憲法上禁止されているとする見解

1．国民主権，民主制の原理

　禁止説の主張は，これをつぎのように整理することができよう。

---

16) 規範認識においては，本文に示されたような経験的事実が重要な意味をもつ。ドイツの法理学者アレクシーは，これについて「規範認識における経験的契機」と述べている。長尾「基本権解釈と利益衡量の法理」2012年，26頁。アメリカにおける立法事実論も経験的契機に着目した法理論である。

①　国会議員の選挙権（憲法15条1項）と地方議会議員の選挙権（93条2項，15条1項）は，ともに国民主権条項（1条）から派生する。

②　国民主権の原理は，すべての国家権力が国民から発することを要請する。外国人に選挙権を与えれば，この国民主権原理が害されることになる。

③　民主制の原理は，国民の自己支配＝自律を要請する。外国人に選挙権を与えれば，この民主制の原理が害されることになる。

④　15条1項にいう「国民」とは，「日本国民」である。天皇によって，その統合が象徴される存在である（1条）。外国人がこの「国民」にあたらないことは明らかである。

⑤　15条1項における「国民」と93条2項における「住民」とは全体と部分の関係にあり，両者は質的に等しいものとみるべきである。両者の相違は，地域的拡がりのみにかかるものである。憲法上，地方選挙権の主体とされている「住民」に外国人が含まれないと解される以上，外国人に選挙権を与えることは許されない。

禁止説の特質は，国民主権，民主制の原理を重視すること，国家主権の原理に十分な配慮をなしていることにある。

上にみたように，禁止説の見解が妥当である。要請説，許容説の論旨には，これらの点において理論上問題があるように思われる。

2．国家主権の原理

禁止説の論者は，さらにつぎのようにいう。

外国人の選挙権の導入は，さらに，人権の保障という憲法の原則にも反することになる。国家は，「文化的共同体」であるとともに，「運命共同体」でもある[17]。それは，国民の生存と自由のために不可欠な存在である。自らの「国家」の存立とその維持は，人権保障の第一の要件である。

---

17) 本書45頁。

国権（国家主権），国民，領土の観念は，国家の三要素とされている。これらの観念は，けっして古くなったわけではない。それらは，現在ますますその確保と充実が必要になりつつある。

　日本国憲法自身，前文において「その福利は国民がこれを享受する」として，国民主義の立場を明示している。偏狭なナショナリズムは，もとより憲法のとるところではないが，日本という国家の存在が，なによりもまず日本国民の生存のために不可欠な条件であることに留意する必要がある。憲法前文が「自国の主権を維持」することを国民に要求しているのも，このような趣旨のものと解される。

　合憲論（要請説・許容説）には，コスモポリタニズムの影響がみられる。そして，国家の存在意義を軽視する傾向がみられる。このような傾向には問題があるといわざるをえない。国民の人権を重視するならば，国家の自存と独立を軽視してはならない。国家の独立が失われれば，自由も民主主義も存在しえない。

　政治学者，ラブキンが「政府の権力を適正に制限するのは憲法だが，この憲法が保持されているのはアメリカの独立という事実による」と述べていることが改めて想起される[18]。

第4節　定住外国人の参政権問題について

　外国人の参政権問題については，日本固有の問題がある。それは，昭和27年の平和条約発効にともなって，朝鮮半島，台湾出身の人々の国籍変更にともなう問題である。この国籍変更によって，これらの人々に選挙権を保障することはありえないということになった。学説の一部において，これを違憲とする主張がなされている。まず，この点について検討することにしたい（I）。

　在日コリアの参政権が問題になる場合に，しばしば，「在日コリアは強制連行の犠牲者の子孫である。参政権の問題を考える場合に，この点について留意

---

18) J. A. Rabkin, Law without Nations ?, 2005, p. 270.

すべきである」と主張されることがある。つぎに，この問題を検討することにしたい(Ⅱ)。

韓国において選挙法の大幅な改正があり，在日韓国人は，日本にいながらにして韓国の選挙に参加しうることになった。かりに，日本において選挙権を与えることになれば，在日韓国人は「二重の選挙権」をもつことになる。この問題について述べることにしたい(Ⅲ)。

Ⅰ 平和条約発効にともなう国籍変更の問題

(1) 定住外国人の選挙権導入を主張する論者から，しばしばつぎのように述べられることがある。

「昭和27年の対日平和条約の発効にともなって，在日朝鮮人の国籍が喪失せしめられたのは違憲である。したがって，現行公選法において選挙権が保障されていないことも違憲である。」

これほど明確な形をとることはないにしても，平和条約発効のさい，在日コリアが日本国籍を喪失せしめられたことについて，その適法性ないし妥当性に疑念をもつ論者も少なくないものと思われる。そこで，この点について検討することにしたい。

(2) 戦前，朝鮮・台湾などを領有していた日本は，敗戦時には200万人をこえる朝鮮・台湾出身者を「内地」にかかえていた。朝鮮・台湾が分離・独立した結果，かつて「日本国民」であった朝鮮人・台湾人の多くは，その国籍が変更されることとなった。

国家の領土の一部が支配を離れ，これにもとづいて独立国家ができる場合，これにともなって国籍の変更が生ずることになる。国民の存在しない国家はありえないのである。したがって，日本国の領土の一部であった朝鮮半島において独立国が形成される場合，一定の日本国民が朝鮮の国籍を取得して日本国籍を失うことになる。

朝鮮に居住する朝鮮人が朝鮮国籍を得て日本国籍を喪失することについては

問題がない。問題となるのは，日本に居住する在日コリアの国籍についてどう考えるべきかということである。

　日本は，昭和20年8月14日，ポツダム宣言を受諾し，同年9月2日，降伏文書に署名した。占領軍当局は，朝鮮人を「解放された人民」として取り扱う旨を明らかにしたが，その国籍所属については干渉する意志をもたないとしていた。

　昭和22年の外国人登録令は，「……朝鮮人は，この勅令の適用については，当分の間，これを外国人とみなす」と定め，登録義務を課した。また，衆議院議員選挙法（昭和20年），参議院議員選挙法（昭和22年），公職選挙法（昭和25年）は，いずれも「戸籍法の適用を受けない者の選挙権及び被選挙権を当分の間停止する」と定めている。このような一連の措置は，平和条約発効のさいに，朝鮮人等が日本国籍を喪失する可能性をもつことを前提にとられたものとみることができよう。

　平和条約は，昭和27年4月28日に発効するに至った。これによって，日本は朝鮮の独立を承認し朝鮮に対する主権を放棄した。しかし，平和条約は，朝鮮の独立にともなう国籍の変更についての明示的な規定をもたなかった。明示的規定をもたない以上，日本に居住する朝鮮人の国籍問題は，憲法，国際法，とりわけ平和条約の解釈の問題とされうる。ちなみに，南朝鮮においては，すでに1948年5月に，その前年に日本において制定された登録令にそった国籍条例が制定されていた。

(3)　日本政府は，このような事情のもとにおいて，国籍問題についてなんらかの解決方法をとる必要があった。その解決策が昭和27年4月19日に出された民事局長通達であった。それには，つぎのような内容が含まれていた。

　　朝鮮及び台湾は，条約発効の日から日本国の領土から分離することになるので，これにともない，朝鮮人及び台湾人は，内地に在住している者を含めてすべて日本の国籍を喪失する。

この通達の適法性については，それが出されて以来，通説・判例の認めるところであるが，これに対する批判的見解も主張されている。

　批判論においては，この通達は，朝鮮人の国籍権（日本国憲法10条），参政権（同15条1項）を侵害するものであり，違憲・無効であるとされる。

　つぎのような理由から，この批判論には賛成できない。

　第1に，この通達は，国際法の原則に反するものではない。平和条約が，日本による朝鮮併合を併合前の状態に戻すという原状回復の趣旨を内容とするものであるならば，住民の国籍についても原状回復をはかることに不合理があるとはいえない。歴史上の例としては，ベルサイユ条約が定めたアルザス・ロレーヌの割譲を挙げることができる。ここでは，住民のフランス国籍が回復された。

　なお，平和条約発効のさい，韓国と北朝鮮はすでに相対立する状態にあり，日本に居住する朝鮮人について，統一的な解決をはかることは事実上不可能であった。

　第2に，通達の趣旨は，平和条約の領土条項について，朝鮮半島に形成された新たな国家の対人高権を含ませて解釈しようとするものであり，条約の解釈として不合理であるとはいえない[19]。

(4)　日本（内地）に居住する朝鮮人に対しては自動的に日本国籍を認めるべきであった，との見解が主張されているが賛成できない。それは，相手国（韓国・北朝鮮）の対人高権との関係で緊張を生じるもので，日本国憲法の国際協調主義の趣旨に反するものといえよう。また，母国復帰を希望する多くの朝鮮人の要求に反することにもなる。

　日本国民は，天皇を統合の象徴とする。前文における「われら」とは，「天皇を象徴とする共同体の構成員」たることを意味する。自動的に日本国籍を認めることが妥当でないことは明らかである。

---

19)　加来昭隆・日本における領土の変更と国籍問題—在日朝鮮人，在日中国人の国籍問題をめぐって（福岡大学法学論叢26巻3・4号）6頁。

日本に居住する在日コリアに国籍帰属について選択権を与えるべきであったとの批判がある[20]。在日コリアにとっては，あるいは，このような制度がベストであったかとも思われるが，韓国政府が拒否的態度を示したこと[21]，当時の在日コリアが消極的態度を示したことなどをみれば，選択制度をとらなかったことが違法であるとはいえないものと思われる。

II 「強制連行論」の問題

外国人参政権の推進論者によって，「在日コリアは，強制連行の犠牲者の子孫である。したがって参政権の問題を考えるさいにも，このような歴史的事情を考慮すべきである」と主張されることがある。

このような「強制連行論」も根拠のないものである。併合以来，半島在住のコリアの多くは，労働条件のよい本土への移住を希望していたが，政府は本土の労働力需給バランスを考慮してコリアの出稼ぎを規制していた。半島在住のコリアの多数は，本土で働くことを望んでいた。本土にあっては，生活環境のみならず，給与のレベルにおいても，格段に高いものがあった。多くの人々が本土で働き貯蓄をすることによって，故郷に帰り，生活の基盤を形成することを望んでいた。

こうしたなかで，昭和14年から20年にかけて，労働力不足を補うため，朝鮮半島からの移住を緩めることにした。

しかし，朝鮮半島のコリアに対する「徴用」が始まったのは昭和19年9月のことであった。

批判論の論者がこの「徴用」をもって「強制連行」にほかならないとするな

---

20) たとえば，松本邦彦・在日朝鮮人の日本国籍剥奪（法学52巻4号）111頁。
21) 昭和24年に出された，韓国政府から東京のマッカーサー宛の書簡において，①3,000万大韓民国人は日韓併合を認めないのであるから，在日朝鮮人は連合国人の待遇を保有しなければならないということ，そして，②日本の敗戦により日本国籍は1945年8月15日に喪失したのであるから，国籍選択権など詭弁である，との趣旨が記されていた。小柳稔・対日平和条約による国籍の変動について（民事月報46巻8号）32頁。

ら，歴史認識において問題がある。日本人の成年男子は徴兵されて戦場に行き，残る国民は徴用されて工場で働いた。徴兵や徴用は国民の義務であった。そしてコリアは，半島在住の人々も含めて，当時，すべて「日本国民」だったのである。徴兵や徴用は，当時，西欧諸国をはじめとして，戦争当事国のすべての国家において自国の国民に対してなされていた。

終戦時に日本に住んでいたコリア 200 万人のうち，140 万人は 21 年末までに朝鮮へ戻り，60 万人が自由意思で日本にとどまった。日本政府が運賃無料の引き揚げ船を用意したのである。日本に残留したのは，家族も呼び寄せてすでに日本に生活基盤をもっていた人たちであって，そのほとんどが動員と無関係な人々であった。

「強制連行」の虚構性を認識することの重要性は，選挙権の問題にとどまるものではない。北朝鮮当局が，日本人拉致を正当化するために，「日本の統治下で数百万人の朝鮮人が強制連行されたことに比べれば，数人の日本人拉致などとるに足らない」と述べていることに留意する必要がある。

III 二重の選挙権の問題

2009 年，韓国では選挙法が改正され，在日の韓国人は，日本にいながらにして大統領選挙，そして国会議員比例選挙の投票権をもつようになった。そして韓国内で居住申告をすれば，国会議員選挙区選挙の投票権のみならず，地方選挙の選挙権，被選挙権をももちうることになった。しかも，居住申告は，日本における住民登録をそのままにしておこなうことができる。永住資格を失うことなく居住申告ができるのである。

在日の韓国人は，日本においても選挙権が与えられることになれば，二重の選挙権をもち，日本の一般国民よりも，より高い有利な地位に立つことになる。このような状況が，日本国憲法の民主的平等の原則に反することは明らかである。これよりも重要なことは，忠誠の問題である。

外国人の地方参政権が導入されたと仮定することにしよう。日韓の国益が対立する事態において，在日韓国人が日本国の選挙権を行使する場合，韓国の国

益のために投票するのであろうか。それとも祖国を裏切るという道を選ぶのであろうか。

韓国人は，憲法上，国家に対する忠誠が要求されている。国防の義務が国民に課されており，徴兵制度がとられている。日本と韓国の国益が対立する場合，在日韓国人の多くはこの忠誠義務にしたがって行動するものと思われる。

以上の検討により，参政権の問題において，在日コリアについては特別な配慮が法的に必要であるとする所論（これには，要請説，許容説の双方が含まれている）に理由のないことが明らかにされた。

第5節　結　　語

すでに以上の本文で結論は示されているが，あらためて問題点を2点に絞って整理することにしたい。

(1) 第1に，以上の検討によって，要請説，許容説に，理論上問題があることが示された。

要請説は，外国人を「日本国民」とする所論と，外国人を憲法93条の「住民」にあたるとする見解に二分される。「国民説」が不当であることは明らかである。ここに憲法規範への真摯な態度をみることはできない。

「住民説」にも問題がある。この所論からすれば，西欧諸国のほとんどすべてが違憲の外国人政策をおこなっていることになる。憲法解釈には，最低限度の比較法的な配慮が必要とされる。日本だけにしか通用しえない「理論」には問題があるといわざるをえない。

許容説にも問題がある。許容説の論者のほとんどが90年代の初期には禁止説を唱えていた。その根拠は，国民主権，民主制の原理である。禁止説から許容説に学説を変更するにさいしては，この2つの原理との調整が必要になる。ところが，このような検討がほとんどなされないままに学説の変更がおこなわ

れている。

(2) ドイツにおいては，外国人参政権の問題について徹底的な議論がなされてきた。もっとも大きな争点が，国民主権，民主制の原理であった。長期にわたる議論にもかかわらず，ドイツにおいては禁止説が維持され，憲法改正が必要とされた。日本の学説との間に，この点において顕著な相違をみることができる。

その原因はいずれにもとめることができるのであろうか。その第1は，おそらく文化風土の相違にあるものと思われる。日本の学説状況には，憲法解釈において，各自の政治信条に左右される傾向をみることができる。

もうひとつの相違点は，国家の問題である。ドイツをはじめ西欧諸国においては国家の存在は所与の前提とされ，すべての問題がこれを起点とする。戦後日本の憲法学においては，「国家」の存在が軽視される傾向にある。しかも，ヨーロッパの諸国とは異なり，日本においては，外国人に地方参政権を与えることにより，領土問題，基地問題など，国家の存立にかかわる問題が惹起することが予想される。

要請説，許容説においては，憲法の軽視，法理論の軽視，国家主権の軽視の傾向があるように思われる。

第2章

国政選挙と外国人の参政権

第1節　はじめに

(1)　ドイツにおいて，外国人の参政権が議論されるのは，もっぱら地方選挙権であり，国政選挙権について議論されることは希である。憲法のコメンタールなどにおいて，「外国人の国政選挙への参加が憲法上許される余地がないことは，論証する必要がないほど自明のことだ」などと説示されることもある。また，学説において，憲法改正によっても，国政選挙権を外国人に付与することは許されない，とされている。そのような憲法改正がなされれば，それは「違憲の憲法」になるとされる。

(2)　日本の憲法学説においても，外国人の国政選挙は憲法上許される余地がないとするのが通説的立場のとるところである。最高裁は平成5年の判決において，外国人の国政参加は憲法上禁止されている旨を判示した[1]。

通説的立場の論者は，つぎのように説示する。

日本国憲法は，国民主権を基本原理とするが，この場合の「国民」とは，「日本国民」を意味する。選挙は，日本国民がその「主権」を行使するためのほとんど唯一の方法である。国民は，選挙をとおして自らの政治的意思を表現する。国政選挙は，国民による「過去の正当化ないし否定」であり，「未来に対する発言」である（ハンス・マイヤー）。

---

1)　最判平成5・2・26（判時1452号）37頁。

外国人が国政選挙に参加すれば，主権者の権能を外国人が行使することになる。その結果，「国民主権」の意味が変質することになる。「日本国民」の主権から，「地球市民」の主権に転化することになる。

また，国政選挙に外国人が参加することは，民主制原理に違反する。

民主制原理は，国民の「自己統治」，「自律支配」を意味する。民主制原理は，統治の不存在を意味するわけではない。民主制原理の下においても，国家統治は不可避である。独裁体制と民主体制の相違点は，支配の有無にあるのではない。支配のあり方にある。独裁体制は，独裁者（独裁政党）による国民支配を特質とする。民主制は，「国民」による支配を特質とする。前者においては「他律支配」が妥当するが，後者においては「自律支配」が妥当する。

外国人が国政選挙に参加すれば，この自律支配が失われ，国政において，民主原理が否定されることになる。「他律支配」は，絶対君主制や一党独裁体制にのみおこなわれるわけではない。外国人の支配も「他律支配」を意味する。外国人の数は国民総数と比較すれば必ずしも多いわけではない。しかし，少数者であっても，重要な決定においてキャスティング・ボートを握ることにより，国政に決定的な影響を与えうることは，周知の事実である。

憲法学説の多数は，このように，国民主権，民主制原理を根拠として，外国人の国政選挙参加について，これを憲法上禁止されているとする。

(3) ドイツにおいて，国政選挙への外国人の参加が憲法上禁止されていることは自明のこととみなされており，この点について，必ずしも精緻な論証がなされているわけではない。以下の検討は，もっぱら日本の議論を検討の対象とすることにしたい。

日本の学説においては，少数の論者が外国人の国政選挙参加を合憲としている。これら合憲説の論者は，国民主権と民主制原理を克服することが必要とされる。

外国人に国政選挙権を認めることは許されない，と考えるのが民主国家の常識である。合憲論の論旨は，この常識に挑戦することになる。外国人の国政選

挙権の問題を考えるさいには，まずこの点に留意する必要がある。したがってこの問題については，合憲論を主張する側に論証責任があるとみることができる。このような点に鑑みて，本章の構成は，まず合憲論の主要な論拠を挙げて，それぞれを検討するという形をとることにした。

以下において，浦部法穂，奥平康弘，江橋崇，3氏の所論を手がかりに合憲論の論拠をみることにしたい[2]。

第2節　外国人の国政選挙権・合憲論の論拠

I　浦部法穂の見解

浦部氏は，つぎのような根拠から，外国人にも国政選挙権を与えるべきだと主張する[3]。

① 　人権というものは，「人が人であるということにのみ基づいて当然にもつ権利」というイデオロギーを基礎にした観念である。

　「国籍」は人の自然的属性ではないから，「人権」の保障が，「国籍」によって左右されるというのは，そもそも理屈にあわないのではないか。

② 　〔市民革命の当時〕，「国民」は君主および封建的特権階級以外の人びと（人民）を総称するものだった。したがって，それは，必ずしも，「外国人」に対する国籍保有者という意味での「国民」ではなかったのである。「国民主権」のそもそもの趣旨は，「国籍をもつ者が主権者だ」ということではなく，「国民」とは異質な，「国民」の上に立つ権威による支配を排除する，というところにある。要するに，治者と被治者の同質性のイデオロギーである。

---

2) 合憲論は，許容説を主張する。すなわち，外国人の国政選挙権について，これを導入しても，導入しなくても合憲とする立場をとる。
3) 浦部法穂・憲法と「国際人権」（国際人権1号）24頁。同・日本国憲法と外国人の参政権（徐龍達編「共生社会への地方参政権」1995年）87頁。

③　民主主義政治とは，一言でいえば，人民による自己統治である。「国民主権」原理の下での主権者たるべき者は，民主主義の観点から，その政治社会における政治的決定に従わざるをえない者すべてである，ということができよう。

④　参政権についても重要なのは「国籍」ではなく「生活実態」であろう。日本における政治的決定に従わざるをえない「生活実態」にある外国人には選挙権を保障すべきである。

II　奥平康弘の見解

奥平氏は，つぎのような根拠から，外国人に国政選挙権を与えてもよいと主張する[4]。

①　「国民主権」の原則にとっては，国籍のあるなしはけっして重要ではない。当該国家社会を構成し当該国家権力に服属する「ふつうのひと」が国家意思の最高決定者であるという点にこそポイントがある。たまたま，ここで「ふつうのひと」の圧倒的多数は同時に同一国人であるから，自国人中心主義的な統治制度ができ上がったということなのだと思う。

②　外国人が，ふつうの国民と違わないのだとすれば，その人を仲間に加えても，「ふつうのひと」が主権的地位にあるという意味の国民主権の原則は，全然ゆがむところがないのである。

III　江橋崇の見解

江橋氏は，つぎのような根拠から，外国人にも国政選挙権を与えるべきだと主張する[5]。

---

[4]　奥平康弘「憲法III」1993年，53頁。
[5]　江橋崇・外国人の参政権（「芦部古稀・現代立憲主義の展開（上）」1993年）183頁。

① 今日では，つぎのような法原則の所在を確認できる。

およそすべての人間には，地球上のいずれかの国と自治体で政治決定に参加する権利がある。

長期的な海外居住者は，滞在先の選挙に参加したほうがよい。

② 地球民主主義とは，すべての人間に，地域住民，国民，地球市民という3層で政治的な自己決定，自己実現を保障する政治システムである。地球民主主義の考え方を妨げている理論的な最大の障害が「国民主権」論である。しかし，「国民主権」とは，地域を生活の本拠としている者が政治的な決定権をもつべきであるという平明な原理以上のものではない。

③ 「国籍」保有者と「国籍」なき「生活の本拠」者とをあわせて，国民主権でいう「国民」と理解しようという提案が妥当である。

Ⅳ 合憲論の論拠について

　浦部氏の所論のなかには，外国人の国政選挙権を合憲とする論者が提示する論拠のほとんどが含まれている。選挙権＝自然権論，ひろい「国民」概念論，「国籍」相対化論，同一性民主主義論（治者と被治者の同一性）がそれである。

　奥平氏の所論は基本的に浦部氏の所論に近い。その所論において，「国民」の識別基準として「国籍」は決定的基準たりえないとする。当該国家社会を構成し，その国家権力に服属する「ふつうのひと」であるか否かが「国民」か否かの識別基準であるとする。

　江橋氏の所論は，「地球市民論」を基礎とする。地球上の人々は，すべて「地球市民」たる地位において等しくみなされるべきだとの観点から，ある国において「生活の本拠」を有するものは，すべてその国において「国民主権」という場合の「国民」とみなされるべきだと主張する。

　この3者の所論において，合憲論の論拠は，ほぼ尽くされている。それらは，

① 「国民」概念の拡張論

② 同一性民主主義論

③　選挙権＝自然法論
④　地球民主主義論

の4点に整理することができよう。

これらの①，②，③，④の論拠それぞれについて，合理的なものといいうるか否かについて，以下の各節ごとに検討することにしたい。

第3節　「国民」概念の拡張論

I　さまざまな議論

　外国人の国政選挙権を肯認する見解にとって，もっとも大きな理論的障害は国民主権論である。

　国政選挙は，国民の主権行使のもっとも重要な手段である。合憲説において，「国民」概念が恣意的に拡張される傾向がみられる。「国民」のなかに定住外国人も含まれると考えれば，国民主権原理は合憲説の「障害」から「利便」へと180度の展開をとげることになる。合憲説をとる論者のほとんどが，「国民」概念をひろげようとするゆえんである。これを「国民概念の拡張論」ということができよう。

　浦部氏はつぎのように主張する。

　「国民主権」の担い手を考えるさいに，「国籍保有者」→「国民」とするのは妥当ではない。「主権者たるべき者」→「国民」となすべきである，と。

　そして，このようにひろい「国民」概念を前提にして，日本における政治的決定に従わざるをえない「生活実態」にある外国人は，「主権者たるべき者」である。したがって，「国民主権」というさいの「国民」にあたるので，国政選挙権を保障すべきである，とする。

　奥平氏は，国家社会を構成し，その国家権力に服属する「ふつうのひと」こそが「国民」であるとする。そして，外国人も，この「ふつうのひと」に該当する以上，「国民」とみなされる，とする。

　江橋氏は，地球市民論の立場から，「国民主権」でいう「国民」には，国籍

保有者のほかに，生活の本拠を日本にもつ外国人も含まれる，とする。

　これらの3氏は，いずれも，「国民主権」原理にいう「国民」には，国籍保有者のみならず，定住外国人も含まれるものとする。つぎに，このような「国民」概念の拡張が，はたして妥当なものか否かをみることにしたい。

II　フランス革命と「国民」の概念

1．フランス革命と「国民国家」の形成

　浦部氏は，「国民主権」の原理が歴史上「君主主権」への対抗概念として登場したものであり，外国人を排除する趣旨をもつものでなかったとして，日本国憲法における「国民」の概念に在日外国人が含まれているものとする。

　フランス革命は，絶対王制を打倒し，「国民国家」を形成した。「国民国家」の形成は特殊フランス的な現象にとどまらず，近代市民革命共通の指標になった。「国民」概念の形成についても，基本的にこのような共通性を確認することができよう[6]。

　歴史学者・西川長夫氏は，その稿「フランス革命と国民統合」において，フランス革命には，大きく分けて3つの段階が考えられるとして，つぎのように述べている[7]。

　　第1の段階は三部会召集の前後から1791年憲法が制定される前後まで。封建制の廃止と憲法（立憲王政）の制定が中心的な課題であった時期ですが，

---

[6]　国家の三要素（国権・国民・領土）のひとつとしての「国民」と，「国民国家」という場合の「国民」とは別個の観念である。前者の「国民」は国家権力の作用の対象にすぎないが，後者の「国民」は国家権力の保持者・担い手を意味する。奴隷もまた，前者の意味における「国民」である。奴隷がこのような意味での「国民」に含まれるとしても，選挙権が保障されうるわけではない。

　　本稿で問題にする「国民」概念は，近代市民革命以降の「国民」である。「国民国家」という場合における「国民」である。すなわち，国家権力の保持者・担い手としての「国民」である。

[7]　西川長夫・フランス革命と国民統合（思想780号）119頁。アンダーラインは，筆者。

それは同時に国民（Nation）という言葉と概念が革命的な意味と力を獲得して，全国民的なコンセンサスの下に，強力なイデオロギーとして作用した時期でもあります。

第2期は王の逮捕から共和政が宣言され，モンターニュ派の独裁からテルミドール反動に至る，主として国民公会の時代です。1793年1月21日の王の処刑は，新しい国民（Nation）の誕生を決定的に印象づける儀式であったと思います。王の処刑は開かれた革命の頂点というか，最後の段階を示しているのに対して，王妃の処刑は開かれた革命から閉ざされた革命への転換を表している。外国人の排除が始まるのも王妃の処刑の直後からです。協和，すなわち基盤の拡大による国民統合から，排除，すなわち基盤の縮小強化による国民統合への転換ということが言えると思います。

第3の時期は1799年のブリュメールのクーデタ以後，ナポレオンの名によって代表される時代です。フランス革命のもっていたさまざまな可能性，あるいはNationという言葉にこめられたさまざまな内容は，この時期に国家の概念，あるいは国家という容器のなかに整理，回収されてゆく。フランス革命が結局，何を目指した運動であったかは，ナポレオンの時代を見ることによって，はじめて，とは言わないまでも，よりよく理解できると思います。

2．「閉ざされた革命」と「国民」の形成

革命のプロセスは，「開かれた革命」から「閉ざされた革命」へと進展した。これに応じて，「国民」概念も変容をこうむった。外国人を含む，オープンな「国民」概念から，これを排除する，閉ざされた「国民」概念に転化した。アンシャン・レジームを打倒する「国民」と，革命の成果を享受する「国民」とは同一ではありえない。現在われわれが使用する近代的なパスポートの原型が確立したのがこのフランス革命によってであるということは，革命の推移を象徴するものといえよう。徴兵制度による国民皆兵の制度もフランス革命の所産である。それまでのフランス軍は，国王の私兵であった。このような事情は西

欧諸国において共通であった。フランス革命によって，西欧でも初めての国民軍（国家の軍隊）が生まれたのである[8]。

　フランス革命は，「国民国家」の形成という視点からみれば，ナポレオン時代に大きな比重をおくとみることができよう。第3期こそが真正の革命である。「国民国家」の理念は，「国民」概念から外国人を排除することによって完成するのである。ちなみに，「ラ・マルセイユズ」が国歌にされたのは1895年のことであるが，これが軍歌としてつくられたのは1792年4月である。西川氏はその歌詞について，「排他的愛国心が露呈していて一外国人として聞いていると，なんだか殺されそうで怖くなります」と述べている。

　このような分析は，西欧史学において，現在，定説とされている。浦部氏の所論は，革命の初期段階（旧体制打倒の時期）には妥当するものの，中期以降（新体制の形成期）には妥当しない。浦部氏が法的レベルでの論証のためにフランス革命を援用しようとするなら，その完成態としての，また制度化されたものとしての「国民」概念を呈示する必要があったのではなかろうか。そして，かような「国民」概念には，外国人は含まれていないのである。

　奥平氏の「国民」概念論，すなわち「国民」とは「ふつうのひと」であるとする所論についても，浦部氏と同じく，フランス革命の認識に問題があるように思われる。

III 「国籍」相対化論

　外国人の国政選挙権を合憲とする論者は，上にみたように，それぞれ「国籍」の意義を相対化しようとする。

　これらの「国籍」相対化論にはつぎのような問題があるように思われる。

1．憲法上の「国籍」と法律上の「国籍」

　「国民」概念と「国籍」との関係をみることにしよう。まず，「憲法上の国籍」と「法律上の国籍」の区分がなされなければならない。

---

[8]　服部克己・ルソーの民主制と国民皆兵（軍事史学15巻1号）90頁。

「政治的運命共同体」の一員たる者は，国家の構成員としての資格を有する者である。このような，国家の構成員としての資格を「憲法上の国籍」ということができよう。しかし，憲法レベルにおける，この「国籍」概念は，「国民」たるものを「他者」から識別するための基準として，そのままでは役に立たない。あまりに明証性に欠けるからである。そこで日本国憲法は10条によって，より具体的な基準を定めることを国会に委任した。

これによって国会には裁量権が与えられたが，その範囲は限定されており無制限ではない。

第1に，「政治的運命共同体」に属するものに対しては「国籍」を与えなければならない。また，国籍取得要件を過度に緩和することも許されない。そのような事態が生ずれば，「国民」概念の実質的内容が失われ，「国民主権」そのものが無に帰することになるからである。

そして，国会が「国民」概念の，法律による形成において裁量の枠を越えたときには，違憲審査が発動されることになるのである。

2．国籍と「国民」の概念

外国人の選挙権を肯認する論者は，「国籍」の観念を相対化することにより，「国民」概念を拡張しようとする。たとえば，浦部氏は，「国民主権」における「国民」概念は憲法レベルのものであり，国籍法の適用によって定まる「国民」は法律レベルのものであるから，前者は後者に優位する，とする。そして定住外国人は，憲法レベルでの「国民主権」における「国民」に該当するのであるから，国籍法上「外国人」にあたるということは重要な意味をもつものではない，とする。定住外国人は，国籍法上は「外国人」であっても，憲法上は「国民」であるから，国政選挙権を付与すべきである，との趣旨である。

浦部氏の国籍に関する議論には，つぎのような点において賛成できない。

第1に，日本国憲法は，たんに「国民」とするのではなく，「日本国民」が主権者であるとしている。氏のいうように，定住外国人もまた「主権者」たりうるとするならば，「定住外国人」は「日本国民」である，ということになる。

この2つの概念は形容矛盾の関係にある。
　第2に，浦部氏の所論においては，憲法レベルにおける「国籍」の観念と法律レベルにおける「国籍」の観念が混同されているのではなかろうか。
　「国民主権」原理の下に公権力を行使する者は，「具体的存在である国民」に正当化根拠をもとめなければならない。この「具体的存在である国民」は，法律上の国籍制度を前提としてのみ確定されうるのである。そして，法律によって「主権者」の具体的範囲を決定するということは，憲法自身が定めたことであることに留意する必要がある（10条）。
　このように，──社会思想一般としての民主主義ではなく──日本国憲法の規範内容としての「制度としての民主主義」を前提とする以上，「国籍」の観念を相対化して，日本国籍をもたない外国人をも「日本国民」とみなすことは妥当でない。
　そして，浦部氏の「国籍」相対化論に対する上記の批判は，同じく相対化論をとる，奥平氏，江橋氏らの主張にも妥当しうるとみることができよう。

Ⅳ　日本国憲法と「国民」の概念

1. 民主制における「国民」

　民主制（民主主義）は，「国家形態」ないし「統治形態」である。民主制は，「支配の克服」ではなく，「支配の形式」のひとつである。「人間の人間に対する支配」は依然として存在し続ける。民主主義にとって，もっとも重要なことは，国民が国家権力の保持者であり，担い手である，ということである。民主制の下において，国家権力の遂行は，すべて国民による正当化を必要とする。
　民主制の下における「国民」概念と，絶対君主制の下におけるそれとの相違点は，その「限定性」にある。後者の下において「国民」概念はどのようにひろくてもよい。統治権は，もともと血統による「限定性」を属性とする君主の手にあり，「国民」は統治の客体とされるのみであるからである。それに対して，民主制の下においては，「国民」は国家権力の平等な保持者・担い手として登場する。すべての国家権力の発動は「国民」に正当性の淵源を求めなけれ

ばならない。したがって,「国民」とは人類一般ではありえない。人類のなかの一定のグループのみが「国民」たりうるのである。民主制の下において,選挙権は「国民」という「グループの特権」である[9]。

このように,「国民」概念を限定的に理解することは,民主主義の法的観念,すなわち「制度としての民主主義」のコロラリーであるということができる。

「国民主権」における「国民」がこのように,「他者」と「自己」,「他国」と「自国」というように,本来的に「限定性」を含んだ概念であるとするならば,日本国の「主権者たる国民」と地球上の他の人々とは,いかなる標識によって区別されるべきなのであろうか。

2. 日本国憲法の立場

日本国憲法における「国民」の観念について,高橋正俊氏が明解な分析をおこなっている[10]。氏はつぎのような諸条項が問題解明の手がかりを与えるものとする。

第1に,憲法前文は「日本国民」が「われらとわれらの子孫のために」日本国憲法を制定するとしている。この「日本国民」は,マッカーサー草案の We, the Japanese people に対応する観念である。このことは,「国民」が「われら」意識を中核にもつ Nation であることを示すものである[11]。

前文はまた,「福利は国民がこれを享受する」と定める。この「福利」は「禍福」の文飾である。「われら」国民が「運命共同体」として,政治支配の結果を受忍すべき存在であることがここに示されている。

また,第1条は天皇は「日本国民統合の象徴」である,とする。ここで,

---

9) K. Bücking, Die Beteiligung von Ausländern an Wahlen zum Deutschen Bundestag, zu den Parlamenten der Länder und den kommunalen Vertretungskörperschaften unter besonderer Berücksichtigung der Wahlen zu den hamburgischen Bezirksversammlungen, 1992, S. 80.
10) 高橋正俊・日本国民の観念(「佐藤幸治還暦・現代立憲主義と司法権」1998年) 515頁。
11) 高橋・前掲525頁。

「国民」像は，天皇によってその統合が象徴される存在として示されている。

　日本国憲法の下において，「国民」とは，「天皇によってその統合が象徴される，政治的運命共同体」を意味する。

　「主権者たる国民」とは，これら諸条項によって実質的内容を与えられた観念である。かかる存在こそが，日本国の構成員として，その国家権力を担うものとされているのである。

　日本国の構成員たるべき者がこのような実質的内容を具えた者でなければならないとするならば，たんに日本国に定住しているという事実だけで外国人を「日本国民」とみなすことには問題があるといわざるをえない。

第4節　「同一性民主主義」論

I　治者と被治者の同一性

　浦部氏をはじめ，外国人の国政選挙権を合憲と考える論者は，つぎのようにいう。

　民主主義とは，治者と被治者が同一であることを意味する。定住外国人は「被治者」にあたる。被治者と治者が同一でなければならないとすれば，これらの外国人も「治者」でなければならない。したがって，在日の外国人にも国政選挙権が保障されなければならない，と。

　このように，「同一性」の観念によって民主主義を説明する論者は少なくないが，この点について，わが国の法学者にもっとも大きな影響力を与えたとみられる論者は，カール・シュミットである[12]。

　シュミットは，「民主政とは，支配者と被支配者，統治者と被治者，命令者と服従者の同一性である」とする。しかし，わが国の論者らとは異なり，シュミット自身の所論にあっては，同一性論から外国人の選挙権を引き出す余地は認められない。シュミットの基本権論にあっては，選挙権は「国家公民権」に属する，「本質的に政治的な性格」を有するものであるから，当然，「外国人に

---

12)　カール・シュミット（尾吹訳）「憲法理論」1982年, 210, 288, 290頁。

は認められない」とされている。

II　同一性民主主義と立憲民主主義

　シュミットにあっては，民主主義と独裁は，相対立する関係におかれているわけではない。むしろ，「独裁は，民主的な基盤の上にのみ可能である」とされる。民主制の下において，君主制などにくらべれば，支配者は，「より強力かつ過酷に支配し，より断固として支配することができる」とする。民主制の下にあっては，人民の同意が，なんらかの形で前提とされるからである。

　「同一性民主主義」についてのこのような理解は，ナチスドイツの「桂冠学者」であったシュミット個人の思想的特性の反映にすぎないのであろうか。それとも，「支配と被支配の同一性」という構造そのものに内在するものなのであろうか。

　ドイツの国法学者マルティン・クリーレは，民主制には2つの基本モデル，すなわち，アングロサクソン系譜の「立憲的民主制」とルソー系譜の「同一性民主制」があるとする[13]。そして，後者は，自由の現実的諸条件を軽視することにより，ジャコバン独裁，スターリン独裁などの「恐怖による支配」をもたらした，とする。ここでは，「同一性民主制」の構造自体に潜む，政治的独裁を正当化する契機が問題にされているのである。

　なお，「同一性民主主義」についてのシュミットの見解は，必ずしも特異なものではないことに留意する必要がある。

　「同一性民主主義」は，支配者たる者はいかなる者でなければならないか（たとえば，君主や貴族であってはならない）ということを問題とするものであり，被支配者が何者でなければならないか，ということを問題にするわけではない。奴隷制をとっていたアメリカ合衆国においても，また，世界各地に過酷な植民地支配を敷いていたヨーロッパ列強にあっても，自らの政治体制について，支配と被支配の同一性，すなわち，民主制たることを語りえた。

　13）　マルティン・クリーレ（初宿正典ほか訳）「平和・自由・正義　国家学入門」
　　　1989年，377頁。

わが国においては,「同一性民主主義」こそが「民主制」の本質を示すものだとする論者が少なくない。同一性民主主義は,一党独裁正当化のイデオロギーとしても機能してきた。このような民主主義の理解がこれまでなされてきたことは,戦後長期にわたって憲法学説において大きな影響力をもってきたマルクス主義憲法学の影響と無関係ではない。一党独裁制度を理想としていたマルクス主義者にとって,民主制とは同一性民主主義以外にはありえないからである。

「支配と被支配の同一性」という観念から外国人の国政参加を引き出すことには,理論上無理があるようである。

第5節　選挙権は「人間の権利」なのか,「国民の権利」なのか

I 「人間の権利」と「国民の権利」

(1) 浦部氏は,人権というものは,「人が人であるということにのみ基づいて当然もつ権利」というイデオロギーを基礎にした観念である,として,外国人もまた「人」であることから,これを選挙権の保障の外におくのは「そもそも理屈にあわないのではないか」,「筋の通らない話しというべきであろう」とする。

このような所論は,外国人の選挙権を肯認する論者に共通のものである。しばしば,つぎのように主張される。

選挙権の行使は人間の自己実現を内容とする行為であり,人間の尊厳のため不可欠である。したがって,参政権は「国民の権利」であるにとどまらず,「人間の権利」でもある。そして,「人間の権利」である以上「自然権」としての性格をもつのであり,外国人にも及びうる,と。

さて,このような自然権論は,妥当なのであろうか。また,外国人の国政選挙権を肯認する理論上の根拠になりうるのであろうか。

(2) 従来の伝説的見解は，基本的人権を二つのタイプ，すなわち，「人間の権利」と「国民の権利」に分け，たとえば，自由権は前者，選挙権は後者に該当するものとする[14]。「国民の権利」は，「後国家的権利」であり，自然権ではないとされる。これに該当する選挙権は，自然権でない以上，当然には外国人に及ばないとされる。自然権は，なによりもまず，その享有主体における「普遍性」を特質とするのであり，この特質こそが外国人に有利に作用するのであるが，選挙権にはこのような「普遍性」の契機が存在しない，とされる。

従来の自然法論は，「人権」を「人間の権利」と「国民の権利」に二分し，自然法としての性質をもつものは前者であるとしてきた。これに対して，浦部氏はこの区別を否定して，選挙権もまた「自然権」だとする。

いずれをもって妥当とすべきであろうか。結論をさきにいえば，二分論のほうが妥当であるように思われる。以下，その理由をみることにしたい。

II 自然法の機能

日本国憲法が「国家以前の権利」（あるいは「超国家的権利」）としての「自然権」の観念を認めていることは明らかである（11条，97条）。自然権とは何であろうか。また，具体的にいかなる権利をもって「自然権」とみるべきであろうか。

すべての実定法秩序，すなわち憲法秩序は，それぞれの自然法観念によって自己の存在を正当化しようとする。中世ヨーロッパにおいては，ローマ教会の世界観が自然法秩序の内容をなし，イスラム国家においては，イスラム教的世界観が自然法秩序の内容をなすものとされてきた。社会主義国家においては，マルクス主義的世界観，すなわち，「千年王国」としての共産主義社会への歴史の必然的移行という確信こそが，その自然法の内容をなしてきた。

このような自然法のあり方は，宗教色が薄められたとはいえ，現在においても基本的に同様である。実定法秩序は，実定法規定によって自らを正当化する

---

14) 長尾・人権の概念—C. シュミット，R. アレクシィの所論を手がかりとして（法学新報108巻3号）103頁．

ことはできない。ミュンヒハウゼンの逸話にあるように，沼の中にはまってしまった者が自分の手で自分自身を空中に引き上げることはできないのである。

　実定法秩序を正当化しようとする者は，実定法秩序の外側から，これを正当化しなければならない。この実定法にあらざる規範が「自然法」である。この「自然法」の主要な作用は，既存の実定法秩序を正当化することにある[15]。したがって，当該時代の当該地域の一般人の規範意識とあまりかけ離れたものであってはならない。「自然法」が，国によって，また，時代によってその内容を異にするのはこのような事情によるものである。それにもかかわらず，すべての「自然法」がその内容の普遍性，すなわち，時間と空間を超越したその妥当性を主張するのは，すべての自己正当化に必然的にともなう，唯我主義的思考によるものであろう。

Ⅲ　選挙権と自然権

　このような「自然法」によって「権利」たることを承認されているものが「自然権」である。したがって，「自然権」もまた，国によって，また時代によって内容を異にする。憲法ごとに異なった「自然権」の観念が妥当するのである。

　自然権は，実定憲法の子でありながらこれを密かに隠しつづけ，母なる実定憲法とは別次元の存在，すなわち，神・自然・理性の子であること，すなわち，人知を超えた存在であることを自称する。この出生の秘密こそが自然権のイデオロギー作用の根源である。このイデオロギー作用にはまことに強烈なものがあり，一般大衆のみならず，専門の法学者をもその催眠作用のなかにひき込んでしまう力をもっている。

　選挙権もまた自然権であると主張をなす論者は，自然法のこのような歴史的

---

15) Kelsen, Reine Rechtslehre, 2. Auf., 1960, S. 225.「自然法」の観念は，例外的に，体制否定のために用いられることがある。体制否定を正当化する「自然法」は，革命のイデオロギーである。この自然法は，革命政府成立後における，未来の体制正当化イデオロギーである。

性格に留意する必要があろう。自然権の存在理由は，実定憲法の権威づけ（その存在理由の根拠づけ）にある。したがって，これを享有主体を拡げるために利用することは，自然権思想の本来の存在理由に相応しないのではなかろうか。

この点について，さらに留意すべきことがある。「国民国家」の理念は，国家意思形成のプロセスに，外国人が介入することを排除する機能をもつ。したがって，外国人の国政参加は，当然排除されることになる。歴史的にみれば，近代自然法論は，この「国民国家」の理念と歩調を合わせて発展をとげている。このような流れに留意するならば，近代自然法論のなかに，外国人の国政選挙権が入り込む余地はないものと思われる。

IV 自然権拡張論

1．自然権の拡張論

そもそも，自然権のなかに選挙権を含ませるような概念構成は，それ自体として可能であろうか。結論からいえば，そのような概念構成は可能である。しかし，これをもって外国人に選挙権肯認の根拠とすることはできないというべきである[16]。

近時，欧米の法理学において，「人権」（人間の権利）の本質に関する議論が盛んになされている。論者のひとりであるペーター・コラーは，「道徳的権利」としての「人権」は歴史上3つの段階をたどって発展したものとする[17]。

まず，①自由権の段階があり，つぎに，②これに政治的権利が加えられ，さらに，③社会権が加えられるに至った，とする。ゲオルグ・ローマンが，①人権の古典的・自由主義的理解（ロック，カント），②人権の共和主義的理解（ルソー），③社会国家的理解を挙げたのも，これに相応する趣旨のものである[18]。

---

16) 概念論と規範論の関係一般については，Alexy, Theorie der Grundrechte 3. Aufl., 1996, S. 39ff.

17) P. Koller, Der Geltungsbereich der Menschenrechte, in : Gosepath/Lohmann (Hrsg.), Philosophie der Menschenrechte, 1998, S. 96.

18) G. Lohmann, Menschenrechte zwischen Moral und Recht, in : Gosepath/Lohmann (Hrsg.), Philosophie der Menschenrechte, 1998, S. 64.

自然権——上の両者にあっては「道徳的権利」——をこのように広くとらえることは、法理学におけるひとつの傾向としてみることもできるのであり、それ自体に問題があるわけではない[19]。問題はこれとは別の点にある。コラーは、つぎのようにいう。

　「道徳的権利」（自然権）の発展は、2つの方向での「拡張」という形をとる。自由権から、政治的権利、社会権を含むに至る「内容的拡張」と、西欧議会制国家から発展途上国に至る「空間的拡張」がそれである。問題となるのは、この2つの「拡張」が緊張関係にあり、しばしば衝突するということである。権利内容が豊かになればなるだけ、それは発展途上国には妥当しえなくなり、発展途上国に妥当せしめればせしめるだけ、権利内容は乏しいものとならざるをえなくなる。「内容的拡張」を主張する論者は、このジレンマをも引き受けなければならない。そしてなんらかの解決策を求めなければならない。

2．内容と空間のジレンマ

　自然権は、その内容が豊かになればなるほど、その空間的な妥当範囲は狭いものになる。

　自国民への自由権を保障することですら、西欧諸国以外の国ではきわめて珍しいのが現状である。

　浦部氏の所論のように、外国人への国政選挙権の保障まで自然法の要求するところだとした場合、この「自然法」の観念が妥当する空間は現実には地球上にありえないことになる。このように極度に膨張した「自然法」の観念は、「自然法」の名に価しないのではないかと思われる。

　自然法の作用は実定法に正当性を与えることにあり、またこれにかぎられる

---

19)　「道徳的権利」の概念は、「自然権」と区別されるべきであるが、ここでは「非実定的権利」を意味するものとされており、この稿の脈絡では同様の観念のものとしても支障はないものと思われる。

と考えるべきである。このほかに、たとえば、これに実定的権利の享有主体の拡張作用などを認めることは妥当でない。ある権利が自然法だからといって、実定法上すべての「人間」にこの権利が保障されなければならないわけではない。日本国憲法の下においても、信教の自由や取引の自由を自然権であるとしつつ、年少者や制限能力者に対してこれらの権利を制限しても問題は生じないのである。また、生存権について、その自然権的性格を承認しつつ、外国人に差別をもうけることにも問題はないものとされている。

自然法は、民族ないしネイションの信仰告白であり、共同幻想である。これをもって、具体的な憲法解釈の根拠、たとえば、選挙権を外国人に与えるための根拠とすることはできない。

選挙権の自然権としての性格を強調し、これをもって、外国人の国政選挙権導入の根拠とする立論には、理論上、少なからぬ問題があるように思われる。

第6節 「地球民主主義」と日本国憲法

I 地球民主主義の法理論

江橋氏の所論によれば、地球民主主義の「法原則の所在を確認できる」とされる。そして、地球民主主義とは、「すべての人間に、地域住民、国民、地球市民という3層で政治的自己決定、自己実現を保障する政治システム」であるとされる。

はたして、このような「法原則」が存在するのであろうか。一般国際法のレベルにおいて、このような法原則が存在しないことは明らかである。外国人に国政選挙への参政権を与えないことが国際法違反になるということはありえないことである。

江橋氏は、世界人権宣言21条と国際自由権規約25条 (a) の規定をもって、在日外国人の国政選挙権保障の根拠とする。しかし、これらの規定を根拠として、憲法解釈上の問題を議論することが可能なのであろうか。

世界人権宣言21条は「自国の政治に参与する権利」を定めたものであり、

外国人に対して滞在国の参政権を認めたものではないのではなかろうか。国際自由権規約の上記規定は，権利主体を例外的に「市民」としており，これは選挙権が外国人に対して当然に保障されるべきものではないことを前提にしているのではなかろうか。

　これらの規定から，在日外国人の選挙権をひき出すことには，理論上無理があるように思われる。

Ⅱ　グローバリゼイション論の陥穽

　江橋氏の所論には，強調された形でコスモポリタニズムが底礎をなしている。しかし，国際化は，共生や相互理解を生むかもしれないが，衝突や相互誤解を生みだしもするということ，国際交流が密になればなるほど，国家の機能である防衛や秩序維持を強化せざるをえない場合があるということにも留意する必要があるのではなかろうか。

　江橋氏をはじめとする，徹底したコスモポリタニズムを主張する論者は，①経済交流・人的交流の国際化，グローバル化の進展，②冷戦の終結，をその根拠としている。

　80年代以降，これらの論者によって「国民国家」の存在意義がますます薄くなっていく旨が述べられてきた。しかし，われわれが目の前にした事実は，この予見とはまったく反対の事態である。世界各地で，ナショナリズムの動きは，ますます強いものとなりつつある。経済がボーダレス化し，情報のネットワークが古典的な国民国家の境界線を無視して地球規模の拡がりを獲得しつつあるまさにその同じ時代に，ナショナリズムに対する固着がますます強化しつつある。この新しいナショナリズムの波動，ナショナリズムの高波が，ユーゴ，旧ソ連邦，インド，パキスタン，スリランカ，インドネシア，チベット，台湾，中東，アフリカ諸国で民族紛争をひきおこしてきたことは周知の事実である。

　いま，ここでその要因を説くことはしない。ただはっきりいえることは，地球規模での人的・物的交流の国際化，そして東西冷戦の終結にもかかわらず，

あるいはそれゆえに，ナショナリズムはかつてない高揚を迎え，「新国家主義」が語られるにいたったということである[20]。

われわれがここでとくに留意しなければならないのは，このナショナリズムの高揚がすでに激しい軍拡競争をひきおこしているということである。

これらの諸国は軍事力の近代化を積極的に進めており，そのバランスがくずれたとき不時の事態が出来するおそれが高い。軍拡競争は，これらの国々にかぎられず，世界各地で進行している。世界のなかで軍拡のもっとも顕著な国は中国である。

「世界はひとつ」が地球民主主義論者のもつ世界のイメージであった。しかし，現実の世界が主権国家の集合体であり，またこれからもそうであり続けることは明白なことであるように思われる。

III　地球民主主義の歴史観

江橋氏は，コスモポリタニズムと民主主義を結びつけ「地球民主主義」を唱道するが，コスモポリタニズムは，歴史的にも，また構造的にも君主主義に親しむ関係にあり，民主主義とは，むしろ緊張関係にあることに留意する必要がある。

阿部仲麻呂は唐において，マルコ・ポーロは元において高級官僚として活躍したとされている。これらを想起するまでもなく絶対王制期のヨーロッパにおいても，国王は臣下の「国籍」を問題にしなかった。ブルボン朝フランスに支配された近世の人々も受身の「臣民」であって，「フランス国民」ではなかった。軍隊が「国民」によって構成されたのはナポレオン以降のことである。プロイセンでさえ，18世紀のフリードリヒ大王の軍隊は「外国人」からなっていた。18世紀の戦争は，君主がその所有する傭兵を使っておこなった戦争であった。国王もまた臣民と同じく，その民族性が問題にされるわけではない。ドイツのハノーヴァー家がイギリス王室に迎えられ，デンマーク王家からギリ

---

[20]　田中明彦「新しい「中世」」1996年，217頁．ユベール・ヴェドリーヌ（橘明美訳）「「国家」の復権」2009年，21頁．

シャ国王が即位するなど，外国人の君主もめずらしくなかったのである。

このようなコスモポリタニズムは，「国民国家」の形成，国民主権の樹立によって破られた。支配の客体たる「臣民」については，税金さえ納めれば誰でもよいことになるが，支配の主体は誰でもよいわけではなく，一定の限定を加えることが必要だからである。そして，この限定が「国籍」である。

「地球民主主義」の「法原則」は，国際法上の一般原則としても，また条約法上も，その存在を見出すことは困難である。地球民主主義論は，論者の政治思想上の確信，政治的信念にほかならない。

「地球民主主義」論は，日本国憲法の解釈上，外国人国政選挙権の理論上の根拠にはなりえないのではないかと思われる。

ちなみに，ベッケンフェルデは，「国民」を「人間」の名において解消するということは「世界国家」の存在が前提とならなければならないとする。そして，現在において「世界国家」を語るのは，「ユートピアの世界」においてのみ可能だ，とする[21]。

第7節　結　　語

以上，合憲論の代表的論者が提示する論拠をそれぞれ検討してきたが，そのいずれについても，外国人の国政選挙権の合憲性を論証するには不十分なように思われる。

日本国憲法は，「国民主権」を基本原理とする。国政選挙への参加は，日本国民の主権の行使にほかならない。ここに外国人が参加する余地は認められない。

合憲説は，「国籍なき国民」，「外国人の日本国民」を立論の前提とするが，正当とは思われない。外国人が国政選挙に参加するためには，まず国籍を取得しなければならない。主権は国民にあり，日本国民のみが主権を行使しうるのである。

---

21)　Böckenförde, Demokratie als Verfassungsprinzip, in : Staat, Verfassung, Demokratie 2. Aufl., 1992, S. 312.

第3章

外国人と被選挙権

第1節　はじめに

　外国人の参政権にかかる議論はもっぱら選挙権に集中し，被選挙権について議論されることは希である。ドイツにおいても事情は変わらない。外国人参政権にかかる単行書においても，被選挙権に割り当てられるスペースは数ページにすぎないのが通例である。しかし，参政権の問題において，被選挙権も重要であることはいうまでもないことと思われる。

　外国人は，国会議員になりうるであろうか。もし国会議員になりうるとするならば，内閣総理大臣，外務大臣，防衛大臣にもなりうるであろうか。外国人は地方議会の議員になりうるのであろうか。知事，市町村長になりうるのであろうか。日本国憲法は，これらの問題に対して，どのような立場を示しているのであろうか。

　本章においては，外国人の被選挙権について，憲法上，これを導入することが許されるか否かにつき，検討することにしたい。

　被選挙権についても，国政レベルと地方レベルを別に考える必要がある。以下，第2節において国政選挙の問題を検討し，第3節において地方選挙の問題を検討することにしたい。

第2節　国政選挙における外国人の被選挙権

A　ドイツにおける学説の概要

国政選挙（連邦議会議員選挙など）につき，外国人に被選挙権を与えうるか否かについて，まずドイツの学説の状況をみることにしたい。学説は，ほぼ一致して違憲説（禁止説）をとるが，異例中の異例ながら，合憲説（許容説）の主張がないわけではない。まず，その主張をみることにしよう。

I　ドルデの合憲論

憲法上，外国人に連邦議会議員選挙の被選挙権を与えることも許される，との見解を主張する論者としてドルデを挙げることができる。ドルデは，つぎのような根拠から，国政選挙において，外国人に選挙権を与えることは禁止されているが，被選挙権を与えることは許容されている，と主張する[1]。

① 憲法は，大統領の被選挙資格について，ドイツ人であることを明示している（54条1項）。連邦議会議員についてはこのような明示がない以上，反対解釈によって，議員の被選挙資格としてドイツ人であることは憲法上要求されていない，とみることができる。

② 支配的見解は，被選挙権者であるためには選挙権者であることが前提とされる，としている。しかし，このような考え方は，「国民主権」と関連のないものといわざるをえない。

「国民主権」は，国家権力が「国民」から発することを要求するものであり，「国民代表」から発することを要求するものではない。「国民主権」からみて決定的なのは，選挙権であって，被選挙権ではない。

---

[1] Klaus-Peter Dolde, Die politischen Rechte der Ausländer in der Bundesrepublik, 1972, S. 73f.; ders., Zur staatsrechtlichen Stellung der Ausländer in der BRD, DÖV 1973, S. 370ff.

これに対する反論は少なくないが,ビルケンハイアーの所論をみることにしよう。

II 支配的見解としての違憲論

ドイツの学説は,ほぼ一致して,外国人への被選挙資格の付与を違憲とする。たとえば,ビルケンハイアーは,つぎのようにドルデの見解を批判し,外国人に被選挙権を与えることは憲法上禁止されているものとする[2]。

① 大統領の被選挙権資格の憲法規定については,一見したところ,ドルデの上記所論が正しいかのような印象を与える。しかし,つぎの理由で,それは妥当ではない。

この規定は,「共和国原理」によるものである。すなわち,この規定は,ワイマール憲法の規定の形式を踏襲したものである（同41条2項）。1918年の革命によって,ドイツ帝政は崩壊し,共和国が誕生した。ワイマール憲法が大統領の被選挙資格について,とくに「ドイツ人であること」を明記したのは,ただ被選挙資格に制限を加えただけでなく,新たな国家秩序,憲法秩序の下において,すべてのドイツ人が――血統の尊卑にかかわりなく――この国の最高位の官職に就きうることを宣言しようとしたのである。

② この問題を考えるためには,「代表民主制」と「国民主権」との関係に留意する必要がある。

「代表民主制」を採用したのは,直接民主制をとることが困難なことによる。「国民の直接支配」に替えて「代表機関の支配」の形をとったのである。ここで,後者は前者の「代償物」である。

国民の代表者が国家構成員であることによって,国家支配が国民の利益のためになされることが保障されうる。

かりに,代表制度が国家外的な「代表者」の支配を可能とするものであ

---

2) M. Birkenheir, Wahlrecht für Ausländer, 1976, S. 82. 参照,本書11頁2)。

れば，国民の民主的自己決定はもはや存在の余地を失うことになるのである。

ドルデは，国政選挙について，外国人への選挙権の付与は禁止されるが，被選挙権の付与は許容されるとするが，一見して不自然の感は免れない。その所論に対するビルケンハイアーの批判はすべて妥当のように思われる。

B　日本国憲法と外国人の被選挙権

外国人の国政選挙・被選挙権の問題は，日本においても，必ずしも活発に議論されているわけではない。

学説のほとんどは，違憲説（禁止説）を支持する。判例も，違憲説の立場にたつ[3]。これに対して，近時，ごく少数の論者が合憲説（許容説）を支持するに至っている。国政選挙において，外国人へ被選挙権を付与することは憲法上許容されているとする見解は，付与をしてもしなくても合憲であるとする。被選挙権の付与のいかんは立法裁量の問題であるとする。

つぎに，合憲説をとる3名の議論をみることにしたい。

I　奥平康弘の見解

1．奥平説の論拠

奥平氏は，つぎのようにいう[4]。

「国民主権」のコンセプトをこの問題領域にもってきて，参政権拡張を違

---

3)　最判平成10・3・13（判例集未登載）。評釈としては，柳井健一・判例セレクト98（憲法2）がある。本件は，平成4年の参議院議員選挙において，在日韓国人の立候補届が受理されなかったことを理由とする国家賠償請求訴訟である。一審判決は，被選挙権が国民主権にもとづくものであることを根拠に，憲法15条の「国民」とは日本国籍を有する者である，として請求をしりぞけた。高裁および最高裁もこの判決を支持した。

4)　奥平康弘「憲法Ⅲ」1993年，61頁。

憲だとする論法には賛成できない。国政・地方いずれを問わず，よく練り上げた立法であれば，参政権を与えるのに憲法上の問題はないと思う。

参政権拡張の理論は，選挙権・被選挙権のいずれにも妥当する性格のものであるはずだと思う。前者はいいが後者はだめだというのは，理論では十分に説明できない，妥協の産物（すなわち政治論）だと思う。

2．「国民主権」は無関係？

(1) 奥平氏は，国民主権のコンセプトを外国人参政権問題にもち込むことに反対する。すなわち，国民主権と外国人参政権の問題は，法的に無関係であるとする。

この立論には問題があるように思われる。憲法15条1項における参政権の保障は，「国民主権」の原理を制度化したものである。そして，「国民主権」における「国民」が「日本国民」であることは，憲法前文が明示するところである。したがって，憲法上，参政権の主体もまた「日本国民」でなければならない。

外国人の国政参加を容認しようとする論者は，「国民主権」というこの理論的障壁に直面せざるをえず，これをのりこえ，または回避することができるということを論証しなければならない。外国人の参政権の問題は，なによりもまず，国民主権の問題である。

(2) 奥平氏は，また，国政選挙・地方選挙の区別は，合憲性判断にとって重要な意味をもたないものとする。

はたしてそうであろうか。国会は，法律を制定する。予算を議決し，条約を承認する。内閣総理大臣を指名し，内閣不信任決議をおこなうことができる（衆議院）。そして，憲法改正の発議をおこなうことができる。

地方議会の権限について，これを国会のそれと同列におくことはできない。地方議会が制定する条例は，あくまで「法律の範囲内」で効力を有するにすぎない（憲法94条）。

国政選挙と地方選挙の区別は，外国人への参政権付与の合憲性を判断するさい，決定的に重要な意義を有するというべきではなかろうか。この区別をあえて相対化しようとする奥平氏の所論には，問題があるように思われる。

(3) 奥平氏は，さらに，外国人に参政権を付与することが合憲か否かを判断するさい，選挙権・被選挙権の区別は重要な意味をもたない，とする。しかし，選挙権と被選挙権は権利としての内容をまったく異にしており，両者は区別して議論する必要があるように思われる。

たしかに，国政選挙における選挙権者と国会議員との間には，両者ともに国家意思の形成に参加する権能をもつという点において共通性を確認しうる。しかし，この共通性は抽象的なそれにとどまり，どのような国家意思形成に参加しうるか，という点に着目すれば，両者の間に著しい相違性を確認しうる。

国会議員は，法律の制定，予算の議決，条約の承認，内閣総理大臣の指名，内閣不信任決議，そして憲法改正の発議にさいしての投票権などを有する存在であり，これを個々の選挙人と同列に論じることはできない。

しかも，国会議員たる者は，内閣総理大臣になる資格をもつことになる。このような権能・資格をもつ国会議員に外国人がなりうると考えるべきであろうか。日本国憲法が外国人の総理大臣の存在を許容しているとは思われないのである[5]。

法律，予算，条約の多くが外交・防衛問題に――直接的・間接的に――かかわる内容をもっている。定住外国人が国会議員としてこれらの審議に臨むさい，議案の内容において日本国と出身母国（たとえば，中国，韓国，北朝鮮など）の利害の対立がみられる場合に，彼らはいずれの立場を選ぶであろうか。あくまで日本国（民）の利益を守ろうとするであろうか。それとも，母国（民）の利益をはかろうとするであろうか。

---

5) 外国人の総理大臣，たとえば中国人や韓国人の総理大臣が生ずるということは現実にはほとんどありえないことであろう。しかし，外国人が国会議員の被選挙権をもつに至ったとすれば，その理論上の可能性は否定することができない。

これらの国の憲法は，国民に忠誠義務を課している。この点に留意するならば，彼らは日本国と母国の利害が対立した場合には，日本の立場にたたず，自国の立場にたつものと思われる。また，定住外国人の多くが，幾世代も日本の地にありながら，なお母国の国民としてのアイデンティティーをもち，帰化をなすに至らない状況に留意するならば，この問いに対する答えは明らかなのではなかろうか。
　外国人国会議員の数の多少は，この問題の重要性に影響を与えるものではない。与野党伯仲の議会構成のなかにあっては，少数の議員が重要議案の成否に影響を与えうることは，経験上明らかなことである。
　国民主権の原理は，日本国憲法におけるもっとも重要な原則の一つである。奥平氏の所論において，この国民主権に対する軽視をみることができる。

II　辻村みよ子の見解

1．辻村説の論拠

　辻村氏も，外国人に国政レベルにおける被選挙権を付与することについて，憲法上許容されうるものとする。そして，その根拠として，つぎのようにいう[6]。

　　要は，国民とも住民とも異なる「市民権」概念を定立し，とくに「永住市民」を主権者＝選挙権者に含めることで，国民主権原理を根拠に国籍保有者以外の主権行使を排除してきた議論をまず克服することが先決であろう。さらに人民主権論の立場からすれば，主権行使の一貫性から，地方と国政は区別せず，選挙権と被選挙権も区別せずに扱うことが理論的帰結となる。

　またこれとは別な脈絡で，辻村氏は，選挙権の法的性格論に言及し，選挙権

---

[6]　辻村みよ子・選挙と「市民の意思形成」（公法研究 59 号）148 頁。なお，辻村氏は，自らの見解を「要請説」とするが，通常の用語法からすれば許容説というべきであろう。

＝主権的権利と把握する立場から，外国人の参政権を論証しようとこころみている。

辻村氏における許容説の論拠は，①永住市民→主権者→選挙権者・被選挙者論，②人民主権論，③選挙権＝主権的権利論にあるとみることができよう。つぎに，これらの論拠を検討することにしよう。

2．日本国の主権者としての在日外国人？

(1) まず，永住市民→主権者→選挙権者・被選挙権者，とする演繹には問題があるように思われる。

第1に，「永住市民」とは，外国国民である。辻村説によれば，外国人もまた，永住許可をもっている者（「永住市民」）は，日本国の「主権者」であるとされる。しかし，憲法前文には，主権者とは「国民」であり，「国民」とは「日本国民」であることが明記されている。日本国籍を有しない「外国人」がどうして主権者たる「日本国民」だということになるのであろうか。

第2に，辻村氏の所論によれば，日本国憲法下においては2種類の「主権者」があるということになる。すなわち，日本国籍を有する主権者＝日本国民と，入管法などにもとづいて永住許可を受けた者＝「外国人たる主権者」があるということになる。

このような所論には，問題があるように思われる。

入管法においては，永住許可は法務大臣の許可によって与えられるものとされ，その条件として，

1. 素行が善良であること
2. 独立の生計を営むに足りる資産又は技能を有すること

が要求されている（22条1項）。

これを前提とすれば，辻村氏の所論にあっては，「主権者」の範囲が法務大臣の――それも相当程度に広いものと解されている――裁量によって決せられることになる。また，裁量の基準として，①素行の良し悪しや，②貧富の別が明記されている。法務大臣によって，素行不良の者，資産不十分の者（貧困者）

とみなされた者は，「主権者」たりえず，したがって参政権が認められないことになる。

　入管法は，「出入国の公正な管理」と「難民の認定手続を整備すること」を目的として制定されたものであり（1条），この法律における「永住許可」概念をもって「主権者」のメルクマールとすることには，問題があるといわざるをえない。

　(2)　辻村氏における，永住市民→主権者→選挙権者・被選挙権者，とする立論には，さらに問題がある。

　辻村氏は，「外国人たる主権者」に対しては，参政権を付与しても，付与しなくてもよい，とする。しかし，かりに「永住市民」が日本国の「主権者」であるならば，なぜ，彼らの参政権をすべて否認している現行法について，これを違憲ではないとするのであろうか。日本国憲法は，参政権を有する主権者のほか，「参政権をもたない主権者」の存在を予定している，というのであろうか[7]。はたして，民主国家において，「参政権をもたない主権者」などありうるのであろうか。このような概念は，それ自体，形容矛盾というべきではなかろうか[8]。

　(3)　辻村氏の「永住市民」（永住者）主権者論には，これとは別の問題がある。氏の所論からすれば，特別永住者（在日韓国人，在日の北朝鮮人，在日台湾人）は，日本国の「主権者」であるとされる。「主権者」とは，その国の構成員であることを意味する。しかし，これらの永住者は数世代の長期にわたる在日の

---

　7)　当然，未成年の問題などは，この脈絡において重要性をもつものではない。

　8)　ちなみに，ソヴィエト憲法（1918年）は，ロシアに在住する外国人（ただし，労働者・農民階級に属する者にかぎる）に選挙権を与えたが，これらの外国人を「主権者」としたわけではなかった。また，1920年のオーストリア憲法は条約による相互承認を前提に，法律によって選挙権を与えうるものとしたが，同じく，これら外国人を「主権者」としたわけではなかった。被選挙権については，双方ともに認めてはいなかった。

事実にもかかわらず，なお母国の国民としてのアイデンティティーを維持して，日本への帰化をなさなかった人々である。これらの永住者を日本国の「主権者」，すなわち日本国の構成員であると考えることは，これら永住者にとっても迷惑なことなのではなかろうか。

3．フランス革命と「人民」の概念

(1) 辻村氏は，人民主権における「人民」とは「市民」を意味するものであるとする。この「市民」には外国人も含まれうるとする。そしてこれを前提に，外国人の選挙権・被選挙権が，憲法上，許容されうる，とするのである。氏の所論にあっては，定住外国人→国民，とする図式が前提とされている。

この立論には賛成できない。このような図式は，いかなる根拠のもとに描かれたのであろうか。辻村氏は，定住外国人は当然に「主権者」に含まれる，とする。主権者の概念規定としては，やや曖昧にすぎるのではなかろうか。

辻村氏は，自らの所論の根拠がフランス革命の理念にある旨を示唆する。もしそうであるならば，歴史的認識の点においても，問題があるように思われる。

辻村氏の所論には，コスモポリタニズムが底礎としてあるようである。そして，コスモポリタニズムとフランス流の「人民主権」の間には親和性があるということを立論の前提とされているようである。しかし，両者の間に現実にあるのは，親和性ではなく，むしろ対抗性なのではなかろうか。

(2) フランス革命のプロセスは，「開かれた革命」から，「閉ざされた革命」へと進展した。「人民」(国民)概念もこれに応じて変化した。外国人を含む，オープンなそれから，外国人を排除する閉ざされたそれへと変化していった。前者の「人民」概念はアンシャン・レジームを打倒する主体を意味するが，後者の「人民」概念は革命の成果を享受する主体を意味する。

フランス革命は「国民国家」をヨーロッパに現出せしめた。この後の世界史は，「国民国家」を軸に進展した。「国民国家」の理念は，「人民」(国民)から

外国人を排除することによって完成する。現在までつながる，このような歴史的脈絡からすれば，真正のフランス革命の像は，革命初期の「開かれた革命」にあるのではなく，革命中期以降の「閉ざされた革命」のなかに見出されうるのではなかろうか[9]。

　フランス革命の結果として，絶対王制は打倒され，「国民国家」が形成されるに至った。絶対王制の下においては，外国人を大臣，将軍にすることは，けっして珍しいことではなかった。このような事態は，歴史上，「国民国家」の成立とともに失われた。コスモポリタニズムは，近代以前の歴史的遺風ともいえるのではなかろうか。

　(3) 辻村氏は，参政権が「主権的権利」であることが，外国人への参政権付与の根拠になりうることを示唆する[10]。
　辻村氏は，選挙権は「主権的権利説」であるとして，これによって外国人の参政権を根拠づけようとする。しかし，参政権の行使は「国民」による主権行使の制度的表現である。そして，とりわけ国政選挙が「国民」によってなされなければならないことは，民主国家にとっては当然のことである。国民主権国家において参政権が「主権の行使」であるということは，——辻村氏の趣意とするところとは逆に——外国人を排除すべく作用するのである。
　辻村説は，在日外国人（永住者）を日本国の主権者であるとする。すなわち，永住資格をもつ在日の韓国人，北朝鮮人，中国人，台湾人などを日本国の主権者であるとする。辻村氏の議論のすべてがこれを立論の前提としている。国政選挙において外国人の被選挙権を肯認する所論も，この前提を基礎としている。辻村説の隘路はすべてこの前提にあるように思われる。

---

　9)　本書44頁。
　10)　辻村・公法研究59号146頁など。なお，この点について，長尾・選挙権論の再検討（ジュリスト1022号）94頁。

III　横田耕一の見解

1．横田説の論拠

横田耕一氏は，外国人の参政権の問題について，「地方自治体と国レベルは同様に考えるべきであろう。……選挙権と被選挙権を区別する理由もないであろう」として，外国人に国政レベルにおける被選挙権を付与することが憲法上許容されうるものとする[11]。

横田氏は，「国民主権原理の「国民」は「国籍保有者」にかぎられるべきではない」とする。そして「日本国籍を保有していない者であっても生活本拠地たる日本の社会の構成員として共生を志向する者も多い」として，このような「共生志向者」が「自分の生活を左右する政治に関心をもち参加することは人間として必要不可欠なことではなかろうか」とする。

2．「共生志向者」論の問題点

(1)　横田氏は，「生活の本拠地」を日本にもつ外国人，すなわち共生を志向する外国人が政治に参加することは「人間として必要不可欠なこと」であるとして，共生志向者たる外国人にも参政権の保障があってしかるべきであるとする。そして，その参政権の内容は，地方選挙，国政選挙の別を問わないものとする。また，選挙権，被選挙権の別を問わないものとする。

このような所論には，つぎのような問題がある。

第1に，「共生を志向する者」とは，いかなる人々のグループを意味するのであろうか。「共生」の語は，近時マスコミ等の流行語となっているが，これを憲法解釈のキー・ワードとして用いることには問題がある。また，「志向」とはなにを意味するのであろうか。「永住許可等を受けた者」，「定住外国人」などの概念とどこがちがうのであろうか。これらの者も，「志向」という主観的・意欲的契機が欠ける場合には，「共生志向者」とはいえないのであろうか。

日本国の「主権者」とは，憲法上，誰であるべきか，という重要問題の議論

---

11)　横田耕一・外国人の「参政権」（法律時報67巻7号）5頁。

において，このような不明確な語を用いることは妥当でないように思われる。

第2に，横田氏は，「共生志向者」を日本国の「主権者」であるとしながら，「参政権が憲法上保障されているとまでは到底いえない」とする。要請説を排して，許容説をとったのである。この立論からすれば，日本国憲法は「参政権をもつ主権者」，「参政権をもたない主権者」の双方の存在を予定しているということになろう。しかし，民主国家において，「参政権なき主権者」とは——未成年者等を別にすれば——存在の余地のないものというべきではなかろうか。しかも，氏は，「共生志向者」にとって，参政権は「必要不可欠」なものであるとしているのである。

(2) さらに横田氏は，在日の定住外国人の多数が日本の国籍を選択していないことを根拠として，「共生志向者」主権論を主張する。

しかし，ここで日本国籍を選択しようとしないことの要因は——現在の定住外国人の多数にとって——国籍法5条5号の規定にあるのではなかろうか。同号は，帰化条件として，「日本の国籍の取得によってその国籍を失うべきこと」と定める。この重国籍回避条項によって，帰化資格者たる定住外国人は，母国の国民にとどまるか，日本国民になるか，との選択を必要とされる。そして，多くの定住外国人は自分が本来帰属すべき共同体は韓国・北朝鮮であり，日本ではないとの判断から帰化を回避するのではなかろうか。これらの人々を「共生を決意した人々」というのは困難なのではなかろうか。

以上，3氏の所論それぞれにおいて，国政選挙につき，外国人にも被選挙権を与えてもよいとされている。しかし，これらの所論において，合理的な理由がいずれにおいても欠けているように思われる。

つぎに地方選挙における被選挙権の問題をみることにしたい。

第3節　地方選挙における外国人の被選挙権

　国政選挙について，外国人に被選挙権を与えることが憲法上禁止されているということが，第2節において明らかにされた。

　それでは，地方選挙についてはどうであろうか。本節においては，この問題を検討することにしたい。

　本節においても，まずドイツの状況をみたあと（A），わが国の問題に入ることにしたい（B）。

A　ドイツにおける外国人の被選挙権
I　外国人の被選挙権の導入

　EUにおいて，地方参政権の相互保障がおこなわれることになった。このさい，ドイツにおいて，憲法改正がおこなわれた。外国人に選挙権，被選挙権を与えることは，たとえ地方レベルのものであっても，憲法上禁止されていると考えられていたからである。

　1992年に憲法改正がおこなわれ，EU構成国出身の外国人（EU市民）に地方選挙レベルでの選挙権・被選挙権が保障されることになった（28条1項3段）。

　この憲法改正ののち，各州において，自治体選挙法の改正があいついでおこなわれた。EU構成国出身の外国人の地方参政権の問題については——選挙権・被選挙権ともに——これによって解決されたとみることができる。

　この憲法改正においては，EU構成国以外の国を出身国とする外国人については触れられるところがなかった[12]。したがって，この憲法改正がこれらの一般外国人の，公民としての地位になんらかの影響を及ぼしたとみるべきか否かが問題になる。これに対して，学説の多数は，この憲法改正は，一般外国人の公民としての地位に重要な影響を及ぼすものではない，としている。

　このような立場からすれば，一般外国人については，憲法改正前の議論がそ

---

12)　本書128頁。

のまま妥当しうるということになる。

本節では，このような観点から，もっぱら一般外国人，すなわち，第三国出身の外国人のみを問題とすることにしたい。

II　学説の分類

ドイツにおいても，被選挙権の問題について十分な議論がなされてきたわけではなかった。一般外国人に地方レベルにおいて参政権を与えうるか否かについて，理論上の可能性として，一応つぎの3つの考え方を想定することができよう。

A．選挙権を与えることも，被選挙権を与えることも禁止されている。
B．選挙権を与えることは許容されるが，被選挙権を与えることは禁止されている。
C．選挙権を与えることも，被選挙権を与えることも許容されている。

学説の多数は，Aの立場を支持する。地方選挙においても，一般外国人に参政権を付与することについて，選挙権・被選挙権ともに禁止されている，とされる。選挙権の付与が禁止される以上，当然に被選挙権の付与も禁止されている，とするのである[13]。

Bの立場は，地方選挙において，一般外国人に選挙権を付与することは許容されるが，被選挙権を付与することは禁止されているとする。少数の論者のひとりは，つぎのような理由から，憲法上，外国人には，地方選挙について，選挙権の付与は許容されうるものの，被選挙権の付与は禁止されている，とする[14]。

---

13)　たとえば，Birkenheier (Anm. 2), S. 128.
14)　Erwin Schleberger, Kommunalwahlrecht für Ausländer, Der Städtetag, 1974, S. 599f.

① 地方自治体（地方公共団体）は，国法上，国とは異なった性格の団体である。国に妥当する選挙原則は，地方自治体に，そのまま妥当されなくてはならないわけではない。

② したがって，国政選挙への外国人の参加が許されないとしても，地方選挙への参加が許されないわけではない。その限度を明らかにするためには，つぎの諸点をみる必要がある。
　・ 国と自治体の間には「同質性」が必要とされるということ。
　・ 国の事務と自治体の事務との関連に留意する必要があること。
　・ 自治体住民としての立場において，外国人住民には，ドイツ人住民と等しい立場が認められうること。
　・ 外国人は，ドイツ国民とは異なり，二重の支配関係，すなわち，滞在国ドイツの領土高権，出身国の対人高権の支配関係の下にあること。

③ これらの点に鑑みれば，外国人に対して選挙権を付与することは許されるが，被選挙権を付与することは許されないとみるべきである。

C説をみることにしよう。地方選挙権について許容説をとるブレアは，被選挙権についても許容説をとる[15]。

ブレアは，留意すべき点として，ドイツの一部の州において，地方議会議員のなかから市町村長が選挙される制度がとられていることの問題性を指摘する。この制度の下においては，地方議会議員の被選挙権を認める前提からすれば，外国人の市町村長が生ずるおそれがあるからである。

ブレアは，この点についても問題はないものとする。このような州にあっては，「ドイツ国籍保有者のみが，市町村長に選任される資格を有する」との州の法律規定がもうけられれば足りるからである。

総じて，外国人の地方選挙権について許容説をとる論者も，被選挙権については関心を示さないため，その論旨は必ずしも明らかではない。

---

15) D. Breer, Die Mitwirkung von Ausländern an der politischen Willensbildung in der BRD durch Gwählung des Wahlrechts, 1982, S. 135f.

ドイツにおいて，支配的見解は，地方選挙においても，外国人に選挙権・被選挙権を付与することは憲法上禁止されていると考えてきた。そして，憲法改正によってEU市民について地方選挙への参加権が付与されたのちにおいても，その他の一般外国人については，禁止説が妥当するものとされている。

選挙権について禁止説が妥当とされる以上，被選挙権についても禁止説が妥当とされるべきように思われる。外国人の国家意思形成にかかる影響力において，被選挙権のほうが選挙権よりも大きいとみることができるからである。

B 日本国憲法と外国人の被選挙権
I 学説の状況

日本の学説においても，被選挙権についての議論は必ずしも十分なものではないが，これをつぎの3説に分けることができよう。

A．選挙権を与えることも，被選挙権を与えることも禁止されている。
B．選挙権を与えることは許容されるが，被選挙権を与えることは禁止されている。
C．選挙権を与えることも，被選挙権を与えることも許容されている。

地方選挙についての外国人の被選挙権の問題において，憲法学説は，このように，3分されうる。そのうちAとBは禁止説，Cは許容説である。禁止説と許容説のうち，いずれを妥当とすべきであろうか。

II 禁止説の主張

Aの立場は，外国人に対して，選挙権を与えることも，被選挙権を与えることも，憲法上禁止されているとする[16]。

選挙権は許容されるが，被選挙権は禁止されるとする見解（B）は，たとえ

---

16) たとえば，百地章・憲法と永住外国人の地方参政権——反対の立場から（都市問題92巻4号）25頁。

ば芦部信喜氏によって主張されている。芦部氏は，つぎのようにいう[17]。

〔外国人に対する地方選挙権の付与については〕，日本国憲法の下でも立法によって認めることは許される，という解釈が正当だとしても，被選挙権は，地方公共団体の長および議員のように国家意思の形成に参与する公務に携わることを認めることになるので，選挙権と同じに考えることはできないという問題は残るであろう。

被選挙権については，A，Bの見解は共通する。両者ともに地方議会議員の職務の特質を指摘する。直接的なものか，間接的なものかは別にして，「国家意思の形成に参与する」職種については，これに外国人を補任してはならない，とするのである。

Ⅲ　許容説とその問題点

1．さまざまな論拠

地方選挙について，外国人に選挙権のみならず，被選挙権を付与することも，憲法上，許容されているとする見解が主張されている（C）。

その根拠については，論者によってそれぞれ異なる。いくつかの例を挙げれば，つぎのようである。

① 「国民代表」あるいは「自治体代表」において重要なことは，国家意思あるいは「自治体意思」の最終的決定権を有する選挙権者の信任を受けているか否かである。選挙民の信任を受けているのであれば，その者の「国籍」は問題とならない[18]。

② 民主主義を「治者と被治者の同一性」と考えるならば，選ぶ者と代表者との間に人的相互作用の可能性が必要であり，選挙権者は，被選挙権者で

---

17) 芦部信喜「憲法学Ⅱ」1994年，233頁。
18) 青柳幸一＝山越由理・定住外国人の参政権（横浜国際経済法学4巻1号）56頁。

なければならない。したがって、外国人に選挙権を認める以上、被選挙権も認めることが必要とされる[19]。

③ 地方公共団体の議会の議員については、国会の議員のように直接に国の事務の執行をする地位に就くことはないので、外国人に被選挙権を認めても国民主権原理に直接抵触することはない[20]。

④ 条例制定は、「法律の範囲内で」（憲法94条）認められているにすぎないから、つねに地方議会の行為は国民主権の統制下にあり、問題は生じない。したがって、外国人が地方議会議員になることが憲法上否認されているわけではない[21]。

2．それぞれの問題点

(1) 許容説の論拠として、しばしば上記の①、②、③、④が指摘される。これらの論拠は、一見してそれぞれ説得力をもつようであるが、それぞれ検討を必要とする。

①については、第1に、「国民代表」の観念がすぐれて歴史的な観念であることに留意する必要があろう。「国民国家」形成以降、被代表者（選挙人）はもとより、代表者（議員）もまた当然のこととして国籍保有者でなければならないとされてきたのである。

①の所論については、これとは別の問題がある。①の論旨は、選挙人さえ日本国民ならば、被選挙人の国籍は問題にならないとする。この論旨を国政レベルに援用した場合、選挙人さえ日本国民であるならば、国会議員についても外国人でもよいということになる。その結果、総理大臣はじめ国務大臣についても外国人でもよいということになる。①の論拠が合理性をもたないことは明ら

---

19) 近藤敦・国籍条項と選挙権（ジュリスト1101号）27頁。岡崎氏も「選ぶ者と選ばれる者の一体性」を強調し、被選挙権許容説を主張する。岡崎勝彦・外国人の地方参政権（公法研究56号）113頁。
20) 初宿正典・外国人と憲法上の権利（法学教室152号）52頁。
21) 廣田全男・定住外国人の地方参政権に関する覚え書き（都市問題86巻3号）89頁。

かである。

(2) ②も許容説の論拠にはなりえない。民主主義＝治者・被治者の同一性とする考え方から外国人の参政権を引きだすことは理論上困難である。この「同一性民主主義」論について，わが国の法学者にもっとも大きな影響を与えたのはカール・シュミットである。シュミットは，民主制とは「統治者と被治者の同一性」であるとする。しかし，シュミットは，これに続けて，選挙権・被選挙権は「国家公民」の権利であるから，外国人には認められないと明言している[22]。

アメリカに奴隷制が存し，ヨーロッパ列強が植民地住民を無権利の状態に隷属せしめたとしても，これらの先進諸国において「治者と被治者の同一性」を語りえたのである。「同一性民主主義」にあっては，治者は被治者でなければならないとされるのであって，その逆，すなわち，被治者は治者でなければならない，とされるのではないのである。

(3) ③は，地方議会議員は「直接に国の事務を執行する地位」にはないものとし，この特質によって「国民主権」との衝突を回避しうるとする。しかし，地方議会議員もまた国家行政を担当する。この点において，「直接に国の事務を遂行する地位」にあるか，「間接的に国の事務を遂行する地位」にあるかの相違は重要な意味をもつものではない。たとえば，沖縄県の県議会議員などは，日米安保条約の実効性に大きなダメージを与えうる立場にある。「間接的」であるから，国政への影響が少ないとはいえないのである。

(4) ④は，外国人議員の影響の下に条例が制定されたとしても，それは「法律の範囲内で」のみ効力を有するのであるから，国民主権が破られることはないとする。

この論拠も，外国人の被選挙権を正当化するには不十分といわざるをえな

---

22) 本書 50 頁。

い。法の解釈は，形式論理のみでなしうるわけではない。法の解釈は経験的契機を構成要素とする。

　例を示すことにしよう。日本の安全保障にとって日米安全保障条約がいかに重要な役割を果たしているかということについては，改めて付言を要しないところであろう。沖縄の自治体選挙の結果が，日米安保条約のあり方，存続のいかんに重要な影響を及ぼしうることも明らかである。外国人に地方選挙の被選挙権が与えられた場合，外国人議員が議場での投票や発言，マスコミをとおしての活動などによって，日本の安全保障の問題を左右しうるようになる。その外国人地方議員のほとんどが，中国，韓国，北朝鮮の国籍をもつことに留意する必要がある。

　さらにいえば，地方議会議員選挙について外国人の被選挙権を認める論者のほとんどが，知事・市町村長選挙についても外国人の選挙権・被選挙権を認める立場にあるということに留意する必要がある。かりに将来，外国人に地方議会議員選挙についての被選挙権が認められることがあれば，そのときには，知事，市町村長の選挙についても，被選挙権が認められることになるものと思われる。

　このような経験的契機に留意した場合，もっぱら形式論理に依拠する④の論拠は説得性に欠けるのではなかろうか。

第4節　結　　語

　外国人に被選挙権を与えることは，国政選挙レベル，地方選挙レベルを問わず，憲法上禁止されているとみるべきである。

　とりわけ問題なのが，国政選挙レベルにおける被選挙権の問題である。

　ドルデは国政選挙の被選挙権につき，許容説をとっている。このような立論は，ドイツでは異例中の異例である。日本においても，少数の論者が許容説を支持するにとどまるが，ドイツにおけるほど異例というわけではない。

　これらの日本の論者には，共通の理論上の難点がみられる。

(1) 第1に，論者らの立論には，概念上の混乱と論理の飛躍があるように思われる。

それは，とりわけ「国民主権」の概念について顕著である。奥平氏は，「国民主権のコンセプト」を外国人の選挙権の問題領域にもってくること自体に反対する。また，辻村氏は，在日韓国人などの特別永住者を日本国の「主権者」であるとする。横田氏は外国人の「共生志向者」を日本国の「主権者」であるとする。

しかし，「国民主権」における「国民」が「日本国民」にほかならないということは，憲法前文の示すところである。憲法上，「日本国民」は，天皇によってその統合が象徴される存在である（第1条）。ここに外国人を含ませることは困難である。

(2) 第2に，国会議員の資格を外国人に認めることは，議会制度の趣旨に反する。近代議会の本質は，さまざまな「特殊意思」の集合を，討論と議決を通して「一般意志」にまで高めるところにある。ところが，出身国ないし出身国国民の利益実現を第一とする外国人議員の存在の下では，「一般意志」の形成そのものが原理的にありえないことになる。集合体における「一般意志」の形成は，その集合体における共通目的の存在を条件とするからである。

日本国憲法は，国政がもたらす「福利は国民がこれを享受する」として，国政の目的が「国民」の福利にあることを明文で示している（前文）。憲法上，国会議員も日本国民の福利の実現を目的として立法活動をなすべきこととされている。ところが，外国人議員は，日本国民の福利ではなく，出身国の利益，出身国国民の福利を目的として議決に参加することになる。外国人議員の存在により，国会における「一般意志」の形成は原理的に不能になる。

外国人議員の存在が，議会制度の本質に違背することは明らかである。

(3) 第3に，外国人に国政選挙・被選挙権を与えることは，民主制の原理に違反する。民主制も無支配ではなく「支配の一形式」である。代表民主制にお

いて「国民の自律」が保障されうるのは「国民代表」による支配が維持されうるからである。国民の代表者が——国民と同じく——国家という共同体の構成員であることによって，国民の福利のための支配であることが保障されるのである。外国人による支配がなされることになれば，国民の民主的自己決定は否定されることになる。

　これらの論者の見解に賛同することはできない。国政選挙，地方選挙を問わず，選挙権・被選挙権を，外国人に付与することは憲法上禁止されていると考えるべきである。

　被選挙権の付与を合憲とするこれらの論者の所論には，概念上の混乱がみられる。そして，国民主権，国家主権の原理を軽視する傾向がみられる。端的にいえば，イデオロギーの過剰をみることができる。それは，いかなる事情によるのであろうか。

　その要因は，戦後憲法学のあり方そのものにあるように思われる。戦後憲法学において「国家」の存在意義はかぎりなく軽視されてきた。国家が軽視されることにより，国家主権の担い手としての「国民」の観念も軽視されることになる。

　かくして，外国人もまた「日本国民」であるとされ，外国人もまた日本国の「主権者」とみなされることになるのである。

第4章

外国人の参政権と民主制の原理
——ドイツにおける理論と実践——

第1節　はじめに

　1970年代の当初から今日に至るまで，ドイツでは，外国人参政権の問題を軸として民主制の原理に対する理論的取り組みがなされてきた。
　その成果は，日本においても少なからぬ意義をもつものと思われる。民主制の原理こそが外国人参政権論のキー・ワードとされているからである。
　本論に入る前に，本章の目的をより明確なものにすることにしたい。そのためには，①なぜ参政権なのか，②なぜドイツなのか，③なぜ民主制なのか，の3点について説示する必要がある。

1．なぜ，参政権なのか
　第1に，なぜ参政権なのか，について述べることにしたい。
　90年代の日本の学説において，外国人の選挙権を議論することには盛行の風がみられたが，平成7年に最高裁判決が下されてからしばらく沈静化の状態が続いた。外国人参政権の問題は，90年代の初頭と現在とでは，つぎの2点において局面を異にする。
　まず，学説状況が一変した。80年代の文献において，外国人の選挙権などというものはありえない，とするのが学説のほぼ一致した見解であった。しかし，90年代中ごろには，すでに許容説が有力になり，ついに平成7年の最高裁判決傍論において許容説が取り入れられるに至った。いまや学説状況は攻守

ところを変えることになった。

また，この間に，日本を取りまく国際環境に大きな変化が生じた。これが外国人の選挙権論に影響を与えるようになった。

それは，中国の軍事大国化と在日中国人の増大である。中国の軍備増強には顕著なものがあり，東アジア諸国との間で緊張を生ぜしめていることについては付言を要しないところであろう。

外国人の選挙権の問題は，かつては，在日韓国人の地位の向上の問題として議論されていた。しかし現在において，それは，日本国の国民主権，国家主権，安全保障の問題，そして，国家としての存立にかかる重要問題になっている。

2．なぜ，ドイツなのか

第2に，なぜドイツなのか，について述べることにしたい。

外国人の選挙権の問題がもっとも精密に，もっとも徹底的に，長期にわたって議論された国はドイツである。

「戦後の奇跡」といわれた（西）ドイツのめざましい経済復興は，労働力の大幅な不足をひきおこし，事実上の「移民国家」現象をもたらした。そして大量の移民労働者の定住は，深刻な社会問題を生ぜしめた。一部の論者はそれを「ドイツの黒人問題」などと称して，その処遇改善を求めた。外国人に選挙権を与えるべきだとの所論は，このような脈絡のなかで登場した。

外国人の選挙権の問題には，もうひとつの起点があった。それは，地方参政権の相互保障をおこなおうとする，EC諸機関の動向である。ECのこのような政策に背を向けることは，欧州におけるドイツの孤立を意味する。

このように，大量の「移民労働者」の存在という事実とECの政策という2つのファクターが外国人選挙権導入の圧力となった。

1992年に憲法が改正され，「EU市民」外国人に対して地方参政権が保障されるにいたった。その後の憲法学説において，この改正によって「国民」の概念，そして民主制の理念に変容が生じたか否か，について議論がなされるよう

になっている。

3．なぜ，民主制なのか

　第3に，なぜ民主制の原理なのか，が問題になる。外国人の参政権の問題において，それが民主制の原理に反するか否かがもっとも重要な問題とされている。ドイツにおいて，この問題について多くの研究が発表された。これらを分析し，検討することは，今日の重要課題のひとつとみることができよう。
　ドイツの議論において，つぎのような重点の変化をみることができる。

① 　外国人の地方選挙権の合憲性について（70年代～80年代）
② 　憲法改正（EU市民参政権の導入）が民主制原理などに対して与えた影響のいかんについて（90年代以降）

　以下，第2節において①の問題を検討し，第3節において②の問題を検討することにしたい。両者においてともに中心問題とされているのがデモクラシーの理解いかんの問題である[1]。
　これに関連して，用語上の問題に触れることにしたい。「民主制」と「国民主権」は，本来，別個の観念である。前者は「量」の評価に親しむが，後者は「質」の評価に親しむ。たとえば，「絶対王制下においても民主的な要素がないわけではなかった」ということは可能であっても，「絶対王制の下においても国民主権的要素がないわけではなかった」との表現はなりたちえない。
　しばしば民主制は国内政治にかかるものとされ，「国民主権」は，国内面にかかる場合と対外面にかかる場合があるとされる。実際にそのような概念の用い方がなされていることは事実であるが，これに特段の理論上の根拠があるわ

---

1) 　連邦憲法裁判所の判決が下された1990年が外国人参政権の合憲性をめぐる争いの頂点であった。つぎの文献は，論争の成果を集約的に収めたものである。これにおいて，デモクラシーの理念が中心論点とされている。Isensee/Schmidt-Jortzig (Hrsg.), Das Ausländerwahlrecht vor dem Bundesverfassungsgericht—Dokumentation der Verfahren, 1993.

けではない。

　内容面において，両者は，ともに，〈国家権力はすべて「国民」による正当化を必要とする〉との要請，そして，〈国家権力はすべて「国民」から発すべし〉との要請を含むものであるが，民主制は前者に重点があり，国民主権は後者に重点がある。

　このような相違にもかかわらず，両者の規範作用には重複する面が多くみられるという点に留意する必要がある。

第 2 節　外国人参政権の合憲性

I　学説の状況

　ドイツにおける外国人の参政権をめぐる議論は，1992 年の憲法（基本法）改正の時点を画期として二分されうる。92 年の改正までは，外国人地方参政権の導入が憲法に違反するか否かが議論された。推進論（合憲論），反対論（違憲論）それぞれにおいて，多様な議論が展開されている。そのさい，議論のキー・ワードとされたのは，民主制の理念，国民主権の原理であった。

　ドイツにおける長期にわたる議論を検討することは，現在の日本において，ほとんどそのままの形で実践的意義をもちうる。92 年以降の議論においては，EU 市民参政権の導入によって，デモクラシーの理念に変容が生じたか否か，そして，「国民」の概念，国家権力の民主的正当化の要請に変容が生じたか否か，が論じられている。この時期の議論は，憲法改正がなされたことを前提とすることから，そのままの形で日本において実践的意義をもつわけではない。むしろ理論的展開そのものに意味があることに留意する必要がある。

　ドイツにおいても，国民主権の原理は，憲法の運用において，いわば「まま子扱い」されてきたとされている[2]。法治国原理，社会国家原理などは，憲法解釈において，多様な局面においてしばしば適用されてきたが，民主制の理

---

2) Hans A. Stöcker, Der Binnen-und Aussenaspekt der Volkssouveränität, Der Staat 1991, S. 259 (261f.).

念，国民主権の原理が現実の憲法問題において実践的意義をもつ機会はけっして多いわけではない。外国人の参政権問題は，そのわずかな機会のひとつである。この問題は，デモクラシー論，国民主権論が理論的深化をとげるための貴重な機会であった。

II 合憲論の主張・さまざまな論拠

外国人に対する参政権の付与が憲法上許容されているとする見解は，70年代に入ってから多様な形で主張されるようになった。

合憲説にとっての最大の理論的障害は，民主制の原理である。この原理は，すべての国家権力の正当化根拠が「国民」にあることを要請する。これを文字どおりに解すれば，外国人に対する参政権付与がこの要請に反することは明らかである。そこで，推進論者は，この民主制原理との衝突を避けるためにさまざまな工夫をこらした。

1．「生活・運命共同体」論

(1) 合憲論の代表的論者として，ツレークの名を挙げることができる。ツレークは，1973年に合憲説の立場からの論文を発表して以来，その著作活動をとおして推進論にとって重要な役割を果たしている。その所論において，合憲の論拠は多岐にわたるが，中心的役割を果たしているのが「国民」概念の拡張論と社会国家論である[3]。まず，「国民」概念の拡張論をみることにしよう。

ツレークは，定住外国人がドイツ国民と同様の形でドイツの国家機関の高権行為に服していることを強調する。定住外国人は，ドイツ国民とともに，ドイツにおいて「生活・運命共同体」を形成しているとする。これを前提に，統治者と被統治者の同一性の要請に留意する必要を指摘しつつ，デモクラシーの理

---

3) Manfred Zuleeg, Grundrechte für Ausländer, DVBl. 1974, S. 341f.; ders., Vereinbarkeit des Kommunalwahlrechts für Ausländer mit dem deutschen Verfassungsrecht, in : Zuleeg (Hrsg.), Ausländerrecht und Ausländerpolitik in Europa, 1987, S. 153(156f.). なお，社会国家原理を論拠とする点については，ツレークの見解は必ずしも一貫しているわけではない。

念から外国人の選挙への参加権を導出する。

　もともと近代デモクラシーの下では，国民主権の原理を実現するために，選挙権者の範囲を広く把握することが要請される。ツレークの発想においては，19世紀以来のこの拡張傾向の延長上に外国人が位置づけられている。ツレークの立論において，選挙権者の範囲の確定にさいして，国籍は決定的意味をもたないことになる。

　ツレークは，さらに社会国家原理（基本法20条1項）を外国人参政権の論拠とする。

　ツレークは，社会的領域における外国人の劣遇的地位は，外国人に選挙権を付与することによってのみ克服されうるとする。ツレークは，このような立論が19世紀の普通選挙運動の展開に着想をえたものであることを示唆している。当時における労働者階層の劣悪な生活環境は，選挙権を得ることによって克服しえた，とされるのである。現在において，基本法が要求する社会国家原理を実現するためには，外国人に参政権を付与することが必要である，とする。

　(2)　以上のようなツレークの所論には，理論上問題がある。

　まず，定住外国人は，ドイツ国民と同様の国法上の「当事者的地位」にあるとする点，そして，このことから外国人への選挙権の付与が引きだされうるとする点の双方について誤りを指摘しうる。この点についてはのちに示すことにしたい。

　また，統治者と被統治者の同一性，支配と被支配の同一性が外国人の参政権のために引証される。しかし，この同一性論の主張は，もともと被統治者が「国民」の一員であることを所与の前提とするものであり，外国人に対する選挙権の拡張の論拠にはなりえないのではないかと思われる。

　社会国家論にも問題がある。基本法20条1項の社会国家条項は，社会的公正の確立という国家目標を定めたものにすぎず，この規定から外国人の参政権を直接的に導出しようとすることには，解釈上の飛躍があるといわざるをえない。日本国憲法を例にすれば，所論は，憲法25条から外国人の選挙権を引き

2．「受身の当事者」の民主主義論

ブルン゠オットー・ブリーデは，のちに述べる憲法異議の手続において，外国人に対する参政権の付与は民主制の原理に違反せず，合憲との意見を述べている[4]。ブリーデは，つぎのようにいう。

　国家支配の正当化は，共同体の決定に服従する者によってなされることを必要とする。このような考えを「受身の当事者」の民主主義という。このような民主主義の理解は，外国人参政権論議のなかで生みだされた，今風のものではなく，デモクラシーの本来の原石とでもいうべきものである。その理由として，基本法1条が規定する人間の尊厳の要請を挙げることができる。
　デモクラシーの理念は，集合的存在としての「ネイション」の観念からではなく，「人間」の観念から構想されなければならない。基本法における民主主義とは，人間の尊厳の原理に基礎づけられた民主主義である。そして，人間の尊厳の原理は，共同体の決定に服する者がその決定に参加すべきことを要請する。

ブリーデは，このような論理によって，外国人への選挙権付与を民主制の理念に反しないものとする。
ブリーデの所論に無理があることは明らかである。その趣旨は，日本国憲法の下において，幸福追求権を根拠に外国人の参政権を主張するに等しい。

3．二重の正当化論

以上にみたように，①「国民」概念の拡張による方法，②民主制原理の相対化による方法には，理論上の無理があるようである。

---

4) Brun-Otto Bryde, Ausländerwahlrecht und grundgesetzliche Demokratie, JZ 1989, S. 257f.

そこで，国家レベルでの民主的正当化の基盤と地方レベルでの民主的正当化の基盤を区別し（二重の正当化論），前者はドイツ国民にかぎられるが，後者にあっては外国人住民の参加も許容されうるとの所論が登場した。この見解にも諸説があるが，ブレアの所論を示すことにしよう。それは，つぎのようである[5]。

　国家権力の単一性の原理からすれば，すべての高権行為の正当化の源泉はただ一つでなければならない。ただ一つの正当化の源泉が「国民」による正当化である。しかし，国民主権原理にもとづく「国家的正当性」は，自治体選挙から外国人を排除することを要求するものではない。なぜなら，「国家的正当性」は議会の制定する法律によって示されるが，自治体の高権行為はこの法律の枠内においてのみおこなわれうるものとされているからである。「国家的正当化」が法律において示され，「地域団体的正当化」が条例において示されるとするならば，後者が前者を破ることはない。条例に外国人の意思が混入しても，国民主権原理が損なわれることはない。

このようなブレアの所論には，ツレーク，ブリーデの所論にみられるような粗雑の難を見いだすことはできない。しかし，国政と自治体権力の作用とを，所論のように機械的に二分しうるかについては疑問がある。

Ⅲ　違憲論の主張・さまざまな論拠

70年代のはじめに端を発し，1990年における連邦憲法裁判所の違憲判決にいたるまで，外国人の参政権をめぐって多様な議論が展開された。支配的見解は違憲論を支持したが，論証にかける熱意では推進論（合憲説）が勝っていたようである。推進論にあっては，それまでの常識に対抗するのであるから相応

---

5) Dietmar Breer, Die Mitwirkung von Ausländern an der politischen Willensbildung in der Bundesrepublik Deutschland durch Gewährung des Wahlrechts, insbesondere des Kommunalwahlrechts, 1982, S. 92f.

の努力と新工夫が必要とされるが，常識に依拠しうる違憲説に同様のパトスを求めることはできない。

推進論については，70年代から多くの文献をみることができるが，違憲説からのこれに対する本格的な反撃は80年代以降のことである。ここでは，イーゼンゼーとシュテッカーの所論をみることにしたい。

違憲の理由をもっとも明解に示した論者として，イーゼンゼーの名を挙げることができよう。イーゼンゼーは，外国人の選挙権を導入したシュレスヴィヒ・ホルシュタイン州の法律の合憲性が争われた憲法異議の手続において，原告（連邦議会議員224名）の代理人として申立理由書を作成した。

イーゼンゼーの手になるこの文書は，その内容と影響力からみて，違憲説におけるもっとも重要な文献のひとつとみることができよう。全9章からなるこの文書は，違憲説の論拠を網羅的に示すものである[6]。

1．「受身の当事者民主主義」論に対する批判

(1) まず，「受け身の当事者の民主主義」論批判をみることにしよう。

近代デモクラシーの理念の登場は，「国民国家」形成と時を同じくする。「国民」の観念は，近代に固有のものである。封建社会において，「臣民」は国家に対してではなく，領邦君主に忠誠を誓う存在であり，「領民」は領地に付属する存在であった。「国民」という観念は，フランス革命以降の現象である。近代デモクラシーの理念は，国家権力の正当性の淵源を「国民」の意思に求める。「国民」の観念は，デモクラシーのコロラリーとみることができよう。デモクラシーについて，その主体に着目すれば，当然に「国民のデモクラシー」とされることになる。

しかし，70年代以降のドイツにおいて，デモクラシーの主体は「国民」で

---

6) Josef Isensee, Antragsschrift vom 9. Juni 1989 zu den Anträgen nach Art. 93 Abs. 1 Nr. 2 GG und §32 BVerfGG, in: Isensee/ Schmidt-Jortzig (Anm. 1), S. 3 (25f.).; ders., Kommunalwahlrecht für Ausländer aus der Sicht der Landesverfassung Nordrhein-Westfalens und der Bundesverfassung, KritV 1987, S. 300f.

はなく，「受動的当事者」，すなわち「受け身の当事者」であるとの所論が登場した。それは，外国人の選挙権を正当化する脈絡のなかで生じた。

その所論において，「受動的当事者」の概念がキー・ワードとされる。遺言の書きかえによって不利益を蒙る相続人は，「受動的当事者」である。また，大気汚染規制の強化によって不利益を蒙る企業は「受動的当事者」である。「受動的当事者」とは，「受動的不利益当事者」との趣旨である。論者は，つぎのようにいう。

　長期滞在の外国人は，その間，国法の規律を受けることになる。すなわち，「受動的当事者」になる。しかし，たんなる「受動」の立場は，前近代の「臣民」の立場に等しい。この「臣民」的立場を改変するには，外国人に「能動」の立場，すなわち選挙権を与えなければならない。

(2)　これが「受け身の当事者」のデモクラシー論の主旨である。イーゼンゼーは，このような民主主義観を「受動的当事者の民主主義」とよんでいる。イーゼンゼーは，このような主張には，国法上も，政治倫理上も理由がないものとする。その理由として，つぎの2点を指摘する。

第1に，「受動的当事者」の観念は，「民主制のカテゴリー」ではなく，「法治国家のカテゴリー」に属する。国法の遵守を義務づけられている者は，「国法の保護を享受しうる資格」をもつのみであって，「国法の形成に参加しうる資格」が当然に保障されるわけではない。権利を保障された者は，行政庁に保護を求め，裁判所に訴えることができる。この法治国の原理は外国人にも適用される。外国人選挙権の推進論者は，外国人が「臣民」に等しい地位にある旨を主張するが誤りである。

第2に，外国人選挙権の推進論者は，法治国原理の外国人への作用を過小評価したうえで，さらにデモクラシーの理念を拡大解釈して，外国人の選挙権を正当化しようとする。しかし，「受け身の当事者」であることは，選挙権付与の正当化根拠にはなりえない。国法の規律の下で「受け身の当事者」である外

国人に法的保護を与えるべきか否かの問題は法治国原理の問題である。すなわち，国家の作用原理の問題である。他方，デモクラシーの問題は，国家の組織原理の問題である。国家の作用にかかる原理と，国家の組織にかかる原理はともに憲法上の原理であるが，両者の妥当領域の相違は自明である。法治国にかかる問題からデモクラシーにかかる帰結を引きだすことは，法理論上の飛躍である。

イーゼンゼーのこのような所論において，ワイマール時代以降の伝統的憲法理論，とりわけカール・シュミットの憲法思想の影響をみることができよう[7]。

2．「代表なくして課税なし」論に対する批判

つぎに，「代表なくして課税なし」（No taxation without representation）の格言が検討される。この格言は，18世紀の植民地アメリカにおいて，母国イギリスに対する権利拡張運動のなかで用いられた政治的スローガンである。この格言が，現代のドイツにおいて，外国人選挙権論推進論者によってその理論的根拠として用いられてきた。

イーゼンゼーは，この格言は，アメリカにおける当時の有産階級の議会選挙への参加を要求するスローガンであったとし，むしろ制限選挙正当化のイデオロギーであったとする。そして，現在これを唱えるのは，アナクロニズム以外の何ものでもないとする。

3．人間の尊厳論に対する批判

つぎに，人間の尊厳論批判をみることにしよう。

推進論によって，「人間の尊厳」条項（基本法1条1項）が外国人参政権の論拠として援用されている。これに対して，イーゼンゼーは，つぎのようにいう。

---

7) 長尾・人権の概念―C. シュミット，R. アレクシーの所論を手がかりとして（法学新報108巻3号99頁）。

たしかに人間の尊厳の原理は，憲法秩序の基礎である。また，それはデモクラシー理念の基礎でもある。しかし，だからといって，人間の尊厳の原理から，直接に外国人に対する選挙権の保障が導出されうるわけではない。人間の尊厳の法的な保障内容は，憲法の諸制度に媒介され，この諸制度は国家制度としての属性によって限界づけられる。

世界は，諸国家による政治的多元体として秩序づけられている。「国民」とは，個々の国家を担う人間総体の政治的単位である。国際秩序は，このようにして，国家と国民の観念を前提に構成されている。

このような秩序が解体されうるためには，「世界国家」が形成される必要がある。人間の尊厳条項から外国人参政権を導出しようとする推進論の所論は，「ユートピアの帝国」，「おとぎの国」の所為である。

4．国民主権の対外的作用論

シュテッカーは，つぎのようにいう[8]。

「すべての国家権力は，国民より発する」との基本法20条2項の規定は，国民主権を示すものであるが，その趣旨は必ずしも自明のものとはいえない。国民主権原理の作用には，対内的側面と対外的側面がある。国民主権の対内的側面は，民主原理においてその表現を見いだす。対内的側面において，国民主権は，かつての絶対王制や，現代の独裁国家に対立する立場にある。

国民主権原理には，対外的側面がある。それは他者による支配，すなわち「他律支配」の拒絶として作用する。国民主権の対外的側面は，これを20条2項の解釈に組み入れなければならない。他律支配からの自由は，民主制の原理と同じく，憲法改正の対象とはされえない，憲法の基本原理である。他者支配からの自由と民主原理は，不可分の関係にある。

---

8) Stöcker (Anm. 2). S. 259 (261f.).

このような主張に対して，「国民主権の対外的側面は，憲法上の原理としてではなく，国際法における主権国家の自己決定権として理解すべきではないか」との批判が予想される。シュテッカーはこれを予想して，国民主権の対外的側面と国際人権規約などにおける主権国家の自己決定権は，本質において同じものであるとする。

　従来，国民主権については，もっぱらその対内的作用が意識されてきた。その対外的作用をあらためて確認した点に，シュテッカーの所論の意義がある。シュテッカーの所論からすれば，外国の支配，外国人の支配は「他律支配」を意味する。この「他律支配」は民主原理が拒絶するところである。外国人の選挙参加は，この「他律支配」にあたるものとして許されないということになる。外国人の参政権をめぐる向後の議論において，シュテッカーのこの所論は，重要な意義を有するものということができよう。

Ⅳ　連邦憲法裁判所の判決

1．法律による外国人参政権の導入

　1989年2月，ハンブルク市（州と同格）は，区議会選挙法を改正し，ドイツに長期間定住している外国人住民に，国籍を問わず選挙権を認めた。同年2月，シュレスヴィヒ・ホルシュタイン州も，市町村および郡選挙法の改正により，相互主義の立場から，アイルランド，ノルウェー，スウェーデン，デンマーク，オランダ，スイスの国籍を有する外国人に対して選挙権を認めた。

　1990年10月31日，憲法異議の手続において，連邦憲法裁判所は，外国人の地方自治体選挙権を定めたハンブルク市およびシュレスヴィヒ・ホルシュタイン州の選挙法を違憲であると判示した[9]。以下，シュレスヴィヒ・ホルシュ

9）　BVerfGE 83, 37ff；BVerfGE 83, 60ff. 古野豊秋・地方自治体における外国人の選挙権（「ドイツの憲法判例Ⅱ〔第2版〕」372頁），彼谷環・ハンブルク区議会における外国人の選挙権（「ドイツの憲法判例Ⅱ〔第2版〕」328頁），高田篤・外国人の選挙権（法律時報64巻1号83頁），山口和人・外国人の選挙権（調査と情報159号1頁），宮地基・外国人の選挙権をめぐる憲法上の論点について（神戸法学年報7号239頁），仲哲生・ドイツ連邦共和国における外国人の参政権（社会科学

タイン州法に対する違憲判決をみることにしよう。

　訴訟においてとくに重視された争点は,「国民」とはなにか。国民による国家権力の正当化とはいかなるものか,という点である。基本法20条2項は,「すべての国家権力は,国民より発する」とする。また,28条1項2段は,「ラント,郡および市町村においては,国民（Volk）は,普通・直接・自由・平等・秘密の選挙にもとづいてつくられる代表機関を有しなければならない」とする。

2．判決の内容

　判決は,つぎのようにいう。

　「シュレスヴィヒ・ホルシュタイン州の市町村・郡選挙法改正法は,基本法28条1項2段〔自治体参政権条項〕に違反する。基本法28条1項2段によれば,国民は郡・市町村においても代表を選出しなければならない。そのさい,国民の概念は基本法20条2項〔国民主権条項〕と同じ内容で用いられている。基本法20条2項における「国民」とは,ドイツ国民のことであ

論集63号66頁),葛奉根・ドイツ連邦共和国基本法における外国人の選挙権（同志社法学41巻6号30頁）。
　岡田俊幸・マーストリヒト条約とボン基本法の改正（石川明編「EC統合の法的側面」1993年,67頁),高橋洋・外国人参政権について——EC委員会の「命令」提案をめぐって（商経論叢40号61頁),
　廣田全男・外国人参政権論における「民主制」理解について（杉原泰雄退官記念「主権と自由の現代的課題」345頁),森廣正・ドイツにおける外国人住民の選挙権をめぐって（大原社会問題研究所雑誌414号8頁),谷聖美・欧米における定住外国人参政権の現状と今後の課題（岡山大学法学会雑誌55巻2号1頁),梶田孝道・外国人の参政権（国際政治110号1頁),瀧川裕英・国民と民族の切断——外国人の参政権問題をめぐって（大阪市立大学法学雑誌49巻1号1頁),大西楠・テア・ドイツにおける外国人の地方参政権——基本法28条1項3文と外国人参政権違憲判決の法理（国家学会雑誌121巻5・6号155頁),日比拓也・ドイツにおける国民主権の動揺——外国選挙権導入のための基本法改正とその限界（法政論集215号121頁）。

る。したがって，市町村・郡における国民の概念は，ドイツ人の住民のみを意味している。これにより，外国人に対する地方選挙権の付与は排除される。」

「このことは，現在，欧州共同体において議論されている外国人地方選挙権の導入が，基本法79条3項〔憲法改正限界条項〕により認められている憲法改正の対象ではありえない，ということを意味するものではない。」

この90年判決は，伝統的な国法学の立場から，「国民」の概念，国民による国家権力の正当化について説示し，外国人への選挙権付与を違憲としつつ，いわば傍論において，「EU市民」（当時においては，「欧州共同体の構成国の国籍を有する者」）への地方参政権付与のために憲法改正をおこなうとしても，これが憲法改正の限界をこえるものではないことを示している。

この判決が，ECの動向を念頭においた，多分に政治的配慮を含んだものであることは否定しえない事実である。

第3節　憲法改正によるEU市民参政権の導入

I　EU市民参政権の導入

1．残された問題点

1992年に憲法改正がおこなわれ，つぎの規定が28条1項3段として導入された。

　郡および市町村における選挙にさいしては，欧州共同体を構成するいずれかの国家の国籍を有している者も，欧州共同体の法の基準にしたがって，選挙権および被選挙権を有する。

この条項の直接的契機とされたのは，①連邦憲法裁判所の90年判決と，②ドイツ連邦共和国によるマーストリヒト条約の批准であった。

この条項の導入によって，EU市民の参政権をめぐる議論については一応の決着がつけられたものの，法的，政治的に未解決の問題が残されることになった。

残された問題点として，EU構成国以外の国を出身国とする外国人の問題が重要である。これらの一般外国人への参政権付与の問題について，このEU市民参政権規定は，いかなる意味をもつのであろうか。

支配的見解の論者からすれば，この規定は「禁止の部分的解除」とみなされる。一般外国人には，禁止の作用が従来どおり存続するということになる。この結果，ドイツの定住外国人は，参政権の有無を基準として，二分されることになる。

2．憲法改正の限界

憲法79条3項は，基本法の基本原則に抵触するような改正は，許されないと定める。選挙権との関係でとりわけ問題とされるのが民主制（20条1項），国民主権（20条2項）の原理である。

憲法改正の限界を定めるこの規定が民主制，国民主権の「恒久保障」を定めたものであることは明らかである。また，この規定が現状そのものの維持を要求するものでなく，諸原則の核心部分の維持を要求するものであることも明らかである。外国人地方参政権の導入とこの憲法改正限界規定の関係については，つぎのように3説が想定されうる[10]。

A．92年改正前の基本法下においても，導入可能とする立場

B．92年の改正そのものが79条3項に違反し許されないとする立場

C．基本法を改正すれば許されるとする立場

連邦憲法裁判所は，90年判決においてCの立場をとる旨を明らかにした。連邦憲法裁判所のこの判断が多分に政治的配慮にもとづくものであることは周

---

10) Ralf Röger, Der neue Artikel 28 Absatz 1 Satz 3 GG : Vorläufiger Abschluß der langjährigen Diskussion um ein Kommunalwahlrecht für Ausländer, VR 1993, S. 137 (139).

知の事実である。連邦憲法裁判所はCの立場を選択したが，その法理論上の根拠は必ずしも明らかではない。

このEU市民参政権条項にかかる個別的問題としては，①これによって民主制の原理に変容が生じたか否か，②これによって「国民」概念に変容が生じたか否か，の2点を挙げることができる[11]。

以下，これらの問題をみることにしよう。

II　民主制の例外か，民主制の修正か

EU市民参政権条項（基本法28条1項3段）の導入は，基本法における従来の民主制原理になんらかの影響を与えたのであろうか。影響を与えたとするならばいかなる影響を与えたとみるべきであろうか。

民主制原理についての支配的見解は，90年判決に示されている。その趣旨は，つぎのようである。

　　民主国家においては，国家権力の正当性の基礎を国民におくことが必要とされる。この「国民」の観念はドイツ連邦共和国のすべての領域団体において単一のものでなければならない。連邦，ラントはもとより，地方自治体に至るまで，国家機構の正当性の基礎は，「国民」でなければならない。

1．例外論の主張

EU市民参政権条項は，このような理念図式と正面から矛盾する。連邦憲法裁判所における民主制の理念は，この規定によって必然的に否定される。民主制の理念とEU市民の参政権との間にみられるこのような理論上の空隙は，いかにして充填されうるであろうか。

この問題に対するドイツの学説の対応は多様であるが，これを2つのタイプに分けることができよう。EU市民参政権条項について，それは「民主原理の

---

11) Regine Schunda, Das Wahlrecht von Unionsbürgern bei Kommunalwahlen in Deutschland, 2003, S. 121ff.

例外」を意味するとする見解と，それは従来の「民主原理の修正」を意味するとする見解がそれである。

まず，「EU市民参政権は民主制の例外である」との所論をみることにしよう。それは，つぎのようである。

　国家機構の民主的正当性は，それが自治体レベルのものであっても，本来，主権者としてのドイツ国民によってのみ担われるべきものである。EU市民の参政権は，このような民主制の理念と矛盾する関係にある。それは，憲法が承認した，民主制の例外とみることができる[12]。

2．修正論の主張

(1) これに対して，修正論の論者は，基本法の民主制原理はEU市民参政権条項の導入によって修正されたものとする[13]。その根拠は，つぎのようである。

　国家機構の民主的基礎は，EU市民参政権条項の導入によって変化した。連邦，ラントにおける民主的基礎はドイツ国民であるが，地方自治体における民主的基礎はドイツ国民とEU市民外国人の双方である。「国家権力の民主的基礎の単一性」はもはや存在しない。連邦・ラントと地方自治体は，民主的基礎の担い手において区別されなければならない。

　このような区別の根拠は，「基本法上の民主制理念」と「ヨーロッパ法上の民主制理念」の対比にあるとされる。連邦，ラントにおいては伝統的な「基本法上の民主制の理念」が妥当するが，自治体においては，新たな「ヨーロッパ法上の民主制の理念」が妥当する。したがって，後者にあっては，ドイツ国民とEU市民をともに参政権者とすることが民主制の理念に適合する，とされる。

---

12) たとえば，Marcel Kaufmann, Kommunales Unionsbürgerwahlrecht und demokratischer Staatsaufbau, ZG 1998, S. 25 (40f.).

13) Schunda (Anm. 11), S. 124f.

この修正論の論者は，例外論をつぎのように批判する。

　例外論からすれば，EU市民の参政権は，ヨーロッパ諸国との関係を良好に保つために便宜上導入されたものであり，民主制にとっては「やっかいな荷物」以外のなにものでもなく，本来の民主原理にネガティブに作用する「異物」とみなされることになる。

(2)　これに対して，例外論の立場から，つぎのような反論がなされうる。

　EU市民参政権条項を民主制原理の「例外」として扱うことは，これを民主制にとっての「異物」とみることを意味しない。憲法上の原理に例外が認められるということは，その例外にも憲法上の根拠があることを意味する。
　連邦・ラントと地方自治体とでは，国法上の序列を異にする。連邦，ラントにストレートに妥当する民主制原理からすれば，地方自治体におけるEU市民参政権は「例外」にあたる。このことは，地方自治体において「ヨーロッパ法上の民主制」の原理が妥当するとしても変わらない。いかなる根拠に根ざすものであれ，「例外」は「例外」である。

　両説の主な論拠は，以上に尽くされる。これをみるかぎり，例外論のほうが理論上優れているように思われる。いずれの立場にたつかにより，向後のEU市民参政権条項の取扱いに少なからぬ差異が生ずることになる[14]。
　「例外」は，限定的に解釈されるのが通例である。例外論の立場からすれば，同条項の安易な拡張解釈は禁止されることになる。第三国出身の外国人への地方選挙権の付与などは当然否定される。

---

14)　たとえば，Bernhard Burkholz, Teilnahme von Unionsbürgern an kommunalen Bürgerentscheiden?, DÖV 1995, S. 816f.

III 「国民」概念の変容か，「国民」をこえた選挙権の保障か

1. 変容論と非変容論

　国民主権条項は，「すべての国家権力は，国民より発する」と定める（基本法20条2項）。また，自治体参政権条項は，「ラント，郡および市町村においては，国民は，普通・直接・自由・平等・秘密の選挙にもとづいてつくられる代表機関を有しなければならない」と定める（28条1項2段）。

　この2カ条の明文からすれば，ドイツの国家機構は，地方自治体のそれも含めて，すべて「国民」から発することが必要とされることになる。しかし，EU市民参政権条項の導入によって，地方自治体レベルにおいては，議員や長などの権力に正当性を付与する存在は，ドイツ国民のみではないとされることになった。かくして，国民主権とEU市民参政権の調整いかんが問題になる。

　この問題を解決する方法としてまず想起されるのが「国民」概念の変容（拡張）である。「国民」概念が変容したことにすれば，上記ジレンマは容易に解決されうることになる。「国民」の概念にEU市民外国人も含まれることにすれば，EU市民参政権と国民主権原理との整合性が確保されうるからである。学説は，「国民」概念に変容が生じたとする見解と，変容は生じていないとする見解に分かれる[15]。

---

15) Schunda (Anm. 11), S. 127f. 憲法上の「国民」概念に変容が生じたとの見解は，国民主権を定める20条2項の「国民」概念に変容が生じたとする見解と，「国民」に対して自治体レベルでの参政権を保障する28条1項2段の「国民」概念に変容が生じたとする見解に二分される。まず，前者をみることにしよう。

　少数ながら，国民主権条項の「国民」概念に実質上の変化が生じたとする見解が主張されている。この規定における「国民」には，連邦，ラントの「国民」のみならず，地方自治体の「国民」も含まれる。EU市民参政権条項の導入により，地方自治体レベルの「国民」概念に変化が生じたとするならば，これを包含する国民主権条項の「国民」概念も変容するに至る，とされるのである。なお，この立場の論者は，このような変容を積極的に評価するわけではなく，むしろ憲法改正にさいしての立法技術に問題があった旨を示唆する。

　「国民」概念変容論にはもう一つのタイプがある。その論者はつぎのようにいう。

2．学説の動向

「国民」概念の変容論は，学説の多数の支持するところではない。学説の多数は，「国民」概念の外側にEU市民を位置づける。

変容論の問題点として，基本法の文言そのものが変容論と調和しえないことが指摘されうる。基本法は，EU市民参政権条項において，「欧州共同体を構成するいずれかの国家の国籍を有している者も」参政権を有する旨を定めている。ここで「も」とされているのは，「国民」のほかにEU市民も，との趣旨である。憲法の明文がEU市民を「国民」とみなしていないことは明らかである。

「国民」概念の変容論と非変容論の争いは，後者に分があるようである。連邦，ラントの「国民」と自治体の「国民」は同質であり，後者は前者の「一切片」である。したがってEU市民外国人は，参政権を与えられてはいるが，いかなる意味でも「国民」たりえないということになる。

基本法は，EU市民参政権条項の導入によって新たな局面を迎えることになった。デモクラシーとは「国民」による国家権力の正当化を意味する。また，国民主権とはすべての国家権力が「国民」から発することを要請する。EU市民の参政権は，これら2つの原理と矛盾することになる。このような矛盾は，調整され，解消されなければならない。1992年以降，ドイツの憲法学説は，この理論上の難問にとりくむこととなった。

本章で示した諸学説はその一端にすぎない。わが国において，民主制の理念や国民主権の原理が憲法解釈のレベルで正面から議論されることは希である。その意味においても，92年以降のドイツの議論は貴重である。

　憲法の自治体参政権条項の「国民」概念に変化が生じた。この条項の「国民」概念には，ラントの「国民」と地方自治体の「国民」が含まれる。EU市民参政権条項の導入によって変化したのは後者のみである。地方自治体レベルでは，EU市民もまた「公民」になった。このかぎりにおいて，この規定における「国民」概念に変化が生じた。

第4節　結　　語

　外国人の地方参政権をめぐる論争において，推進論（合憲論）と反対論（違憲論）をそれぞれ代表する論者は，ツレークとイーゼンゼーかと思われる。合憲論，違憲論の主要な論拠は，それぞれ，両者の所論においてほぼ尽くされている。
　第2節でみたように，ツレークの所論には多くの理論上の難点があり，イーゼンゼーの所論に劣後するように思われる。「国民」概念の拡張論も，社会国家論も，説得力を欠くものとみざるをえない。このような議論の難点は，ブリーデをはじめとする合憲論の論者に共通してみられる特質である。

　ドイツの推進論と日本の推進論には，少なからぬ共通点がみられる。日本における推進論の立場から，「在日の定住外国人は，日本国民と同様に法にしたがい，税金を納め，日本語を母語として生活している。民主主義の原則からすれば，定住外国人にも選挙権が保障されるべきだ」との主張がしばしばなされる。そして，「このような生活実態をもつ定住外国人は国民とみなされるべきだ」とされる。このような主張がツレークを主導者とする「受け身の当事者」のデモクラシー論，「国民」の概念拡張論に類似のものであることは明らかである。
　また，民主主義は「治者と被治者の同一性」を保障するものであるとして，定住外国人に選挙権を保障しないのは民主主義の原則に反するとの主張も，ツレークの所論に類似している。

　本章では，ドイツにおける推進論（合憲論）に理論上問題があることが明らかにされた。この点についての指摘は，そのまま日本の状況にも妥当する。日本の推進論（合憲論）の主張にみられる，民主制，国民主権の理解には，問題があるように思われる。

地方公共団体の公権力もまた国家権力である。民主制，国民主権の原理は，「国民」のみが国家権力に正当性を付与しうるものとする。そして，すべての国家権力は「国民」より発するものでなければならないとする。このかぎりにおいて，外国人に参政権を付与することは，たとえ地方レベルのものであっても憲法上許容されえない，とみるべきである。

第5章

ドイツにおける外国人の参政権

第1節　はじめに

　ドイツにおいて，1992年に憲法改正がおこなわれた。この改正において，つぎのような規定がもうけられた（28条1項3段）。

　「郡および市町村における選挙にさいしては，欧州共同体を構成するいずれかの国家の国籍を有している者も，欧州共同体の法の基準にしたがって，選挙権および被選挙権を有する。」

　以下，この規定を「EU市民参政権条項」ということにしたい。
　この憲法改正ののち数年を経ずして，各州において法令の改正がおこなわれ，EU市民の参政権が実現された。
　現在のわれわれは，その後におけるドイツの歴史的経験を検証しうる立場にある。そしてつぎのような問題を呈示し，これに対する一応の解答を見出しうる立場にある。

① このEU市民参政権条項は，EU市民にいかなる内容の参政権を保障したのか。
② これをうけて，各州の法律はいかなる内容のEU市民参政権を実現したか。
③ EU市民参政権の導入により，ドイツ憲法総体は，どのような規範的影

響をうけるにいたったか。

④ EU 市民参政権条項は，ドイツが直面する，政治的・社会的・法的問題のうち，いかなるものを解決したか。また，いかなる問題を未解決のままに残したか。

第2節　憲法の改正による EU 市民参政権の導入

I　外国人の選挙権導入への動き

1．外国人政策としての「統合」

憲法改正の直接の契機になったのは，外国人参政権を導入した州法に対する，連邦憲法裁判所の違憲判決である。

ここでは，この違憲判決への流れをみることにより，憲法改正の要因を明らかにすることにしたい。

奇跡の経済復興をとげつつあったドイツにおいて，大量の，構造的な労働力不足が生じた。それをおぎなったのが外国人労働者である。外国人労働者の募集は 1955 年には始められていた。オイル・ショックのさい募集は一時中止されたが，家族のよびよせや出産などによりその数が減ることはなく，新たに「移民」現象が一般的になった[1]。

外国人労働者の多くは，帰国を望まなくなった。就職や子供の言語の問題により，事実上帰国することができなくなり，ドイツに定住するようになった（ちなみに，90 年代初期の段階で，外国人の数は 700 万人，人口の 9 パーセント弱である。このうち，25 パーセント程度が EC 構成国出身者であった）。

このような事態は，さまざまな社会問題をひきおこした。保育，教育，住宅そして社会保障の問題，就職，職業訓練の問題，さまざまな青少年問題などがそれである。ドイツは，それまでまったく予想もしなかったこのような新たな問題に直面し，その解決を模索することになった。そして，これらの定住外国人を「統合」する必要が多くの識者によって確認されるようになった。

---

1) K. Sieveking u. a. (Hrsg.), Das Kommunalwahlrecht für Ausländer, 1989, S. 275.

地方参政権の付与は，「統合化」の積極論者によってもっとも有効な解決策として提示されるに至ったのである。かくして外国人に地方参政権を付与すべきか否かの問題は，1980年代における重要な政治課題の一つになった。

2．政党，福祉団体などのとりくみ

80年代に外国人の地方選挙権運動の主体となったのは，社会民主党（SPD）などの政党，労働者福祉協会，カトリックやプロテスタント系の援助団体，労働組合，外国人の自主的団体，ドイツ市民団体などであった。なかでも，外国人の選挙権を実現するにつき，もっとも強い影響力をもったのは政党であった。

のちにハンブルクなどで外国人選挙権法案の可決を成功させた社会民主党は，当時，ヨーロッパ共同体の構成国の国民について地方選挙権を保障すべきことを主張したが，これはあくまで「第一歩」としての意味をもつものであり，その他の外国人の住民を排除しようとするものではない，としていた。

ちなみに，社会民主党は，ハンブルク市（州と同格）とシュレスヴィヒ・ホルシュタイン州のほかにも，ノルトライン・ヴェストファーレン州での立法化を計画していた。

自由民主党，緑の党も，外国人の選挙権について積極的立場を示していた。

キリスト教民主同盟・社会同盟（CDU・SDU）の立場は，これらとまったく対照的である。CDUの国内問題専門委員会決議（1984年12月17日）は，外国人の政治活動には憲法上の制限があることを強調しつつ，つぎのようにいう。

　　外国人に自治体選挙権を付与することは，憲法上許されることではない。憲法は，選挙と投票による国家権力の行使をドイツ国民に留保している。

　　自治体の政治は，外国人労働者とその家族の社会的・文化的な生活関係に重要な意味をもつ。それゆえ，CDUは，外国人に直接かかわるような問題については，自治体の意思決定過程にその意見を呈示しうる機会が外国人に与えられることに賛成する。

CDU は，この提案において，議決権をもたない外国人議員（オブザーバー議員）を想定していたものと思われる。

II 憲法裁判所の違憲判決

1．州法律による，外国人選挙権の導入

1989年2月，ハンブルク市議会は，外国人住民に選挙権を付与する法改正を議決した。これに続いて同年2月，シュレスヴィヒ・ホルシュタイン州も外国人住民に選挙権を付与する法案を議決した。

ハンブルク市の場合は，8年以上合法的に滞在しているすべての外国人に7つの行政区（区議会）の選挙に参加しうるとするものである。

シュレスヴィヒ・ホルシュタイン州の場合は，5年以上滞在する外国人に選挙権を保障する。しかし，相互主義の原則に立ち，相手国もドイツ国民に選挙権を保障する場合にのみ，その国を出身国とする外国人滞在者に選挙権を保障しようとするものである。かくして，デンマーク，スウェーデン，ノルウェー，アイルランド，オランダ，スイス出身の外国人住民のみが選挙権を与えられた。

ハンブルク市とシュレスヴィヒ・ホルシュタイン州は，社会民主党の政権下にあり，同党はこの政策を他の州にも及ぼす方針であった。

このような事情の下に，キリスト教民主同盟・社会同盟は，ハンブルク市とシュレスヴィヒ・ホルシュタイン州における外国人の選挙権導入を違憲であるとして，連邦憲法裁判所に違憲審査を申立てるに至った。

訴訟のプロセスにおいて，多数の公法学者が動員され，それぞれの立場で激しい議論を闘わせた[2]。

---

[2] 議論の内容は，訴訟記録集 (Isensee/Schmidt-Jortzig (Hrsg.), Das Ausländerwahlrecht vor dem Bundesverfassungsgericht—Dokumentation der Verfahren, 1993) に収められている。

2．連邦憲法裁判所における違憲判断

(1) 1990年10月31日，連邦憲法裁判所は，ハンブルク市，シュレスヴィヒ・ホルシュタイン州の選挙法改正に対して，憲法28条1項2段に違反し，無効であるとした。ここではシュレスヴィヒ・ホルシュタイン州の事件をとりあげることにしたい[3]。

判旨はきわめて明解である。実質的な争点となったのはつぎの2点につきる。

① 民主主義の要請とはいかなるものか。またこれに関連して，憲法20条や28条における「国民」とは何を意味するのか。
② 民主主義の原理は，国家だけでなく，地方自治体をもカバーする。この意味において両者は「同質」でなければならない（同質性の原理）。しかし，民主主義原理の具体的なあり方は，両者においてまったく同一ではありえない。地方自治体は，国との関係においてどこまで固有のあり方を主張しうるのであろうか。国（連邦・州）において外国人の選挙権が否定されなければならないとした場合においても，地方自治体（郡・市町村）においては，その固有の性格を根拠に，外国人の選挙権を導入しうるのであろうか。これが，同質性の問題である。

(2) 連邦憲法裁判所は，外国人に参政権を付与することが違憲になることを論証するにあたって，つぎのように3点を根拠として挙げている。

① まず，文言解釈を根拠にする。憲法は，国民主権の主体と地方自治の主体につき，ともに「国民」(Volk) の語を用いている。このことは，国家権力に対して，選挙によって正当性を与える存在（選挙権者）と，地方自治体の権力に対して，選挙によって正当性を与える存在（選挙権者）が同質でなければならないことを示すものだ，とする。

---

[3] BVerfGE 83, 37.

② 第2に，判決は，地方自治体の権力行使が国家権力の行使そのものであることを強調する。国の事務をおこなう場合は当然のこととして，地方自治体本来の事務である「自治事務」についても，このことは同様であるとする。
③ 第3に，判決は，地方自治体の所属員であることは，外国人の選挙権を根拠づけるものではない，とする。選挙の機能が自治体権力に正当性を付与することにある以上，その主体は「国民」でなければならないからである。

連邦憲法裁判所の違憲判決は，このように，①国民主権論と，②国・地方自治体の同質性を主な根拠とするものであった。

Ⅲ　パリ首脳会談からマーストリヒト条約へ

1．ECの動き

EU市民参政権導入のための決定的要因として，このほかに，ECの諸機関において，地方参政権の相互保障を実現しようとする動きがあったことを指摘しうる。

1974年のパリ首脳会議において，ヨーロッパの政治的協力を促進する方針が打ち出された。そして，その方法のひとつとして，加盟国相互において，居住外国人に地方参政権を付与することが検討された。加盟国の住民によって直接選挙された議員で構成されるヨーロッパ議会の動きも同じ方向を示すものであった。このようにして世論の支持もしだいに高まり，1986年，EC委員会は，EC加盟国の国民に対して，滞在国における地方選挙に参加する権利を認める方針を表明するに至った。

このような動きのなかで，デンマーク，オランダ，アイルランドなどは，EC加盟国出身の者にかぎらず，外国人に地方選挙権を認めている。ドイツにおいて，社会民主党が——自らが与党となっている——州を中心に外国人に選挙権を付与する政策を進めてきたのは，このような状況に刺激されたものとみ

ることができよう。

1992年2月7日，EC構成国12カ国の間でマーストリヒト条約（欧州連合条約）が調印された。この条約は欧州の政治統合の推進を目標にかかげ，その柱として，「共同体市民権」の創設を宣言した。

その権利の内容として，EC内を自由に移動し，居住する権利，居住国において欧州議会選挙に参加しうる権利，自国の代表がおかれていない第三国において，他の構成国の外交的・領事的保護をうける権利，欧州議会への請願権などとならんで，EC内の居住国で，外国人として，地方選挙に参加しうる権利が挙げられた。

2．2つの方法

連邦憲法裁判所の判決を評価するさいに留意すべきことは，判決において，いずれ直近のうちに，EU市民に選挙権を保障しなければならなくなることが十分に意識されていたということである。判決は，違憲説の立場を維持しながら，つぎのように，EU市民に地方選挙権を付与する方法を示している。

その第1は，国籍法を改正する方法である。国籍取得要件が緩和されれば，外国人は容易にドイツ国籍を取得できるようになり，ドイツ国民として選挙権を行使しうる，とするのである。

その第2は，憲法改正による方法である。ドイツ憲法は，憲法改正を無制限に認めているわけではない。79条3項は，憲法の基本原則に反することは，許されないとしている。外国人の地方選挙権を憲法に導入することが，憲法の基本原則に反するかどうかが問題になるのである。この点について，判決は，本件法律は違憲であるが，憲法を改正すれば，外国人の地方選挙権の導入は許容されうる，と判示している。これをうけて憲法改正がおこなわれた。

第3節　EU市民参政権の内容

つぎに，EU市民参政権の内容をみることにしたい。そのさいに問題とすべ

き点は，つぎの3点である[4]。

① この参政権条項は，「欧州共同体の法の基準にしたがって」，EU 市民に選挙権・被選挙権を保障すべきものとしている。この「欧州共同体の法の基準にしたがって」とはいかなる意味か。

② この参政権条項において，EU 市民は，郡および市町村における選挙にさいして，「選挙権および被選挙権を有する」ものとされている。これは，具体的にいかなる範囲の権利を保障しようとする趣旨なのか。

③ ドイツは連邦国家であり，EU 市民に対する参政権の保障は，各州の法律によって具体化される。したがって，EU 市民に対する参政権の内容は，州によって大きく異なる。各州における相違性と共通性が問題になる。

I 「EC 法の基準」による参政権の保障

1．EU 市民権

EU 市民の参政権は，「欧州共同体の法の基準にしたがって」与えられることになる。ここで，「欧州共同体の法の基準」が国内法のそれに上位するものとされていることは明らかである。このことは，しかしながら，保障されるべき参政権の内容が全面的に EC 法によって決定されることを意味するものではない。たとえば，国内法によって，「欧州共同体の法の基準」を上まわる権利保障をなすことには，なんらの問題も生じない。

基準となるべき EC 法として主要なものは，EC 条約 8b 条 1 項と EU 理事会指令 94/80 号である。

マーストリヒト条約によって新たに「連合市民権」（EU 市民権）の項目がもうけられた。そして，EU 市民権の内容として，域内における移動・居住の自由，第三国の領域でいずれかの構成国の外交・領事上の保護を受ける権利などとともに，選挙権・被選挙権が定められた。その内容を示すことにしよう。

---

4) Katarina Barley, Das Kommunalwahlrecht für Ausländer nach der Neuordnung des Art. 28 Abs. I S. 3 GG, 1999, S. 53ff.

すべての共同体市民は，自らがその国籍を有しない構成国に住所を有している場合には，住所を有している構成国において，自治体選挙における選挙権および被選挙権を，その国の国民と同一の条件の下に有する。

この規定がドイツ憲法のEU市民参政権条項における「欧州共同体の法の基準」の内容をなすものであることは明らかである。

2．選挙権と被選挙権

1994年12月に，EU理事会は，保障されるべき参政権の内容をさらに具体的に示すため，「指令」(94/80) を発令した[5]。

この「指令」の内容について，①選挙権についてはいかなることが要請されるか，②被選挙権についてはいかなることが要請されるか，の2点を手がかりに概見することにしたい。

① 〔選挙権の行使について〕「指令」は，選挙権の行使については，居住国が守らねばならない最小限の基準を定めるのみである。選挙権の保障については，EU市民を自国民と平等に扱わなければならず，構成国の立法における裁量の余地はきわめてせまい。
　もっとも，EU市民は，居住国において当然に選挙権の行使を主張しうるわけではなく，原則として，その旨の意思表示（選挙人名簿への登録申請）をなすことを必要とする。
② 〔被選挙権について〕 被選挙権については，EU市民と自国民を差別して取り扱うオプションが認められている。居住国は，EU外国人の立候補に対して——自国民との対比において——加重的な条件を課すことができる。
　さらに重要な問題は，地方自治体の長や執行部の職への立候補制限の問題である。「指令」は，地方自治体の長や執行部の職については，構成国

---

5) 理事会指令第94/80号（OJ L 368, 31. 12. 94, p. 38)。

はその被選挙資格を自国民にかぎることができる、としている。これらの職は、各国の自治制度にあって、国の事務をおこなう場合が多いからである。

II 参政権保障の範囲

EU 市民参政権条項（ドイツ憲法 28 条 1 項 3 段）は，EU 市民に対して，いかなる範囲において参政権を保障しようとしているのであろうか。

同条項は，「郡および市町村における選挙」について，選挙権・被選挙権を保障するものとしている。一方，EC 法は，参政権が保障されるのは「自治体選挙」においてである，としている。

以下，バーレイの分析を手がかりに，①議員の選挙と，②執行部の選挙に分けて問題点を概見することにしたい[6]。

1. 議員選挙について

まず，住民代表機関の議員選挙についてみることにしよう。

① 〔郡について〕「郡」には，郡議会がおかれる。EU 市民参政権導入のさい，多くの州は法律を改正し，「郡市民」のなかに EU 市民，すなわち EU 外国人も含まれるとした。この場合，EU 市民は，「郡市民」としての立場で参政権を行使することになる。

これに対して，EU 市民に「郡市民」の身分を認めていない州においては，EU 市民，すなわち EU 外国人は，「郡市民」に非ざる存在として「市民権」（参政権）を行使することになる。

② 〔市町村について〕 市町村には，市町村議会がおかれる[7]。EU 外国人が「市町村市民」の立場で参政権を行使しうる州と，「市町村市民」に非ざる

---

6) Barley (Anm. 4), S. 68ff.
7) 市町村議会には，州によってさまざまな呼称がなされている。また，呼び方だけではなく，その権能についても大きな差異がある。

存在として「市民権」を行使する州があるということについては,「郡」の場合と同様である。

　郡議会選挙,市町村議会選挙について,EU 市民が選挙権・被選挙権を行使しうることは明らかであるが,このほかの地方組織については自明とはいいがたい。市町村にあっては,住民代表機関に替えて町村総会をもうけることができる。この制度を導入するとすれば,EU 市民の投票権を認めなければならない。町村総会は,住民代表機関に代替するものだからである。

2．執行部の選挙について

　つぎに,執行部の選挙をみることにしよう。

　市町村長など,執行部の選挙については,とりわけ被選挙権について,EU 市民の参政権は大きな制約をうける。

　EU 理事会指令 (94/80) は,自治体の首長など,執行部の選挙も「指令」がいうところの「自治体選挙」の概念に含まれるとしながら,構成国は,執行部選挙の被選挙権者の範囲について,その国の国籍保有者のみに限定しうるとしている。

　この免除規定が,郡レベルのみでなく,市町村レベルにも適用されうるか否かが問題になる。

　一部の論者は,市町村レベルにおいては,この免除規定の適用はないものとする。その理由として,市町村長は郡の首長に比べて限定された権能をもつにすぎないことが指摘される[8]。この見解によれば,市町村長の首長選挙については,EU 市民を被選挙資格から排除することができない,ということになる。

　この点について,バーレイは,つぎの理由でこの免除規定が市町村レベルの首長選挙についても適用されるものとする[9]。

---

8) Michael Wollenschläger/ Alexander Schraml, Kommunalwahlrecht für nichtdeutsche Unionsbürger, BayVBl 1995, S. 385 (388).

9) Barley (Anm. 4), S. 87.

① 各国の地方制度の複雑なあり方に留意すれば，EC 法が「市町村」と「郡」の権能の相違に着目し，これをもって，EU 市民に被選挙権を与えるか否かのメルクマールにしたとは思えない。
② 首長の権能は，代表機関のそれにくらべて範囲がひろく，また，恒常的な意思決定機関であることを特質としている。

この見解によれば，郡・市町村を問わず，自治体の首長などの執行部の選挙において EU 市民に被選挙権を与えることは，憲法上，禁止されても，要請されてもいない——したがって，法律の裁量事項である——ということになる。

第 4 節　各州における EU 市民参政権の具体化

I　選挙制度は州ごとに異なる

1. 州の権能

EU 市民参政権条項が憲法に導入されたのち，各州はそれぞれ，州憲法ないし選挙法令を改正して，EU 市民の参政権の具体化に努めた。その結果，すべての州において EU 市民参政権が実現した。その内容は，州ごとに異なり多様である。ここでは，その実例を紹介し，大概の傾向をみることにしたい[10]。

ドイツは連邦国家であり，憲法上，自治体選挙法の制定は州の権限事項とされている（70 条）。したがって，連邦は，EU 市民参政権の実現の義務を EU に対して負うものの，それを実現する権限をもたないことになる。一方，各州は，EU 市民参政権導入のために法改正をおこなう義務を負うが，この義務の相手方は EU ではなく，連邦である[11]。

憲法における外国人参政権条項は，「欧州共同体の法の基準にしたがって」

---

10) Barley (Anm. 4), S. 108ff.
11) 学説において，EU に対する州の直接的立法義務を認める見解も主張されているが，説得力に欠けるようである。たとえばその例として，Kay Haibronner, Die deutschen Bundesländer in der EG, JZ 1990, S. 149 (157).

EU市民に対する参政権を保障すべきものとしているが，細部にわたる拘束的規定をもうけているわけではない。各州は，EC法の枠内において一定の裁量の自由をもつのである。この結果，各州の規定は多様なものになっている。外国人参政権の導入について，ドイツの政党は，それぞれ態度を異にする。制度の内容が州によって異なるのは，各州議会における政党構成の相違に起因するものといえよう。

2．3つのタイプ

それらは，大きく三分することができる。すなわち，①EU市民の参政権を広く積極的に認めようとする州，反対に，②EU市民の参政権は導入したものの，権利保障において消極性が顕著な州，そして，③この2つのグループ以外の州，に分けることができる。

EU市民の参政権保障に積極的な州としては，ブランデンブルク，ノルトライン・ヴェストファーレン，シュレスヴィヒ・ホルシュタインの各州を，また，消極的な州としては，ザクセン，バイエルンの2州を挙げることができよう。

なお，積極性と消極性を識別するめやすとしては，①自治体レベルにおける「市民権」付与の有無，②保障される参政権の範囲，③参政権行使のための手続的障害の有無，が重要である。

II　EU市民の参政権に消極的な州

まず，EU市民の参政権は具体化したものの，その充実には著しく消極的な州の制度をみることにしよう。ザクセンの制度は，EU市民の参政権について，著しく抑制的な傾向を示している。

ザクセンでは，1995年12月に法令の改正があり，EU市民の参政権が実現された。その特質は，つぎのようである。

1．市民権について

まず，「市民権」についてみることにしよう。

ザクセンは，州法の改正にあたって，「市民」たるものはドイツ人でなければならないとの立場から，EU市民に自治体「市民」としての地位を与えることを拒否した。

「市民権」付与との関連において，ドイツ各州は，EU市民に「市民」(公民)たる地位，すなわち「市民権」(公民権)を与える州と，これを与えず，あくまでもEU市民は「市民」の外にあるものとしつつ，これに参政権を与える立場の州に二分される。EU市民が自治体「市民」であることを否定する州にあっても，自治体選挙における参政権の保障は拒否しえないのであるから，EU市民について，自治体「市民」であることを否定する実益はほとんどない。それにもかかわらず，ザクセンがEU市民に対して，あえて自治体の「市民」たる地位を否認したのはなぜであろうか。

ドイツにおける「市民」の語には，①同じ共同体の一員であるという意味と，②その共同体の意思決定への参加権者という意味がある[12]。ザクセンがEU市民に対して，自治体「市民」の資格を与えることを拒否したのは，このうちの①にかかわるものとみることができる。

ザクセンの法令は，EU市民に対し，選挙権，被選挙権のほか，住民投票権まで与えている。したがって，「市民権」を与えても結果はひとしいはずなのであるが，あえて「市民権」を与えなかったのは，連邦がEU市民に参政権を

---

12) 「市民権」(Bürgerrecht)における「市民」(Bürger)の語は，日本で一般にいう「市民」とは語義を異にする。ドイツにおいて，「市民」とは選挙などとの関係での「有権者」に近い観念である。

中世都市において，「市民」とは，営業権，土地所有資格，役職員選挙・被選挙資格などを有し，公課，軍役などの義務を負担する者をさした語である。したがって，外国人やユダヤ人は，「市民」になることが認められない傾向にあった。この「市民権」＝「市民としての権利・義務」のうち，経済的なものはしだいに「市民」以外の者にも認められるようになっていった。その結果，「市民権」の内容は，政治的なものに純化されるようになった。「市民」の語は，ついには，女性をも含むようになり，かくして選挙における「有権者」の語に近似するようになった。

与えたことに対する，ザクセン州の反対の態度表明，「政治的シグナル」とみることができる[13]。

2．参政権の範囲について

つぎに，EU 市民に保障される参政権の範囲をみることにしよう。まず，市町村議会の議員選挙，郡議会の議員選挙については，選挙権・被選挙権が保障される[14]。

市町村長の選挙，郡の首長選挙については，選挙権は保障されるが，被選挙権は保障されない。

住民投票権，すなわち，「住民表決」，「住民発案」のための投票権は，保障されている。

3．参政権行使の手続について

つぎに，EU 市民が参政権を行使するにあたって，手続上，特段の障害がもうけられているかどうかをみることにしよう。

選挙人名簿の作成には，2つの方法がある。その第1は，担当行政庁が一定の公的資料（たとえば，住民基本台帳，転入者受付簿）などによって，職権においてこれを作成する方法である。その第2は，権利者の登録請求をまって名簿を作成する方法である。参政権保障について，前者において積極的態度を，後者において消極的態度をみることができる。

多数の州は，EU 市民についても前者の方法によって名簿登録をしているが，ザクセンの法令は，ドイツ人については前者の方法を，EU 市民については後者の方法を用いている。EU 市民は，選挙権をもっていても，登録しなければその権利を行使することができない，とされるのである。

このように，上記3点において，EU 市民への参政権付与に対するザクセン

---

13) Barley (Anm. 4), S. 139.
14) 参政権の保障には，ドイツおよび EU 構成国の国籍を要件とするほかに，年齢要件（18歳以上），居住要件（3カ月）などがある。

の消極的態度が示されている。

III　EU市民の参政権に好意的な州

EU市民の参政権保障に好意的な州の例としては，ノルトライン・ヴェストファーレン州を挙げることができる。この州の制度の特質は，つぎのようである。

① 〔市民権について〕　まず，「市民権」の有無をみることにしよう。
　　この州においては，改正法律によって，「市民」とは，市町村選挙において選挙権をもつ者すべてをいうものとされている。この州において，EU市民は「自治体市民」でもある。
② 〔参政権の範囲について〕　参政権の範囲はひろい。自治体代表機関（地方議会）の議員の選挙において，選挙権・被選挙権が保障されるほか，市町村長・郡の首長選挙においても，選挙権・被選挙権が保障される。「住民表決」，「住民発案」などの住民投票権も，自治体の「市民」たる地位にもとづいてEU市民に保障される。
③ 〔参政権行使の手続について〕　この州の制度にあっては，EU市民が参政権を行使するにあたって，——ドイツ国民とくらべて——特段の障害がもうけられているわけではない。たとえば，選挙人名簿への登録は，ドイツ国民と同じ方法で，担当の行政庁が職権にもとづいておこなうこととされており，EU市民が選挙のさいに登録手続をおこなうことは不要である。

以上において，EU市民参政権に消極的な州の例と，これに好意的な州の例が示された。さらに，これらの中間に位置する州があることに留意する必要がある。このように，各州の相違は小さなものではないが，いずれの州も憲法におけるEU市民参政権条項の要請に拘束されており，決定的な相違があるわけではない。

第5節　残された問題点

　EU市民参政権の導入にともなって，多くの法理論上の問題が生じた。そのいくつかについては，上に示したとおりであるが，そのほかの主要な問題点としては，つぎの2点がある。

①　EU市民には，選挙権・被選挙権が付与されるものとされたが，住民投票権についてはどうか。
② 　憲法改正によるEU市民参政権条項の導入は，EU構成国以外の国を出身国とする外国人の権利保障にも影響するところがあるのか。

I　EU市民の住民投票権

　憲法におけるEU市民参政権条項は，その明文において，EU市民に選挙権と被選挙権を保障した。ここで直接民主制の内容をなす住民投票権については触れられることがなく，解釈に委ねられることになった。この参政権条項は，住民投票権をも保障する，との趣旨なのであろうか。それとも，当該規定による保障はあくまで選挙権・被選挙権にかぎられ，住民投票権を付与するか否かは各州の判断に委ねられていると解すべきなのであろうか。

1．ドイツにおける直接民主制

　(1)　ところで，ドイツ憲法は，直接民主制についてどのような態度を示しているのであろうか。まず，この点について概見することにしたい。連邦，州，自治体に分けてみる必要がある。
　ドイツ憲法（基本法）は，──ワイマール憲法への歴史的反省から──直接民主制には抑制的態度をとっており，連邦レベルにおいては，連邦領域の再編にさいしての投票について認めるのみである（29条など）。
　しかし，州，郡，市町村については事情を異にする。ドイツは連邦国家であ

り，各州は連邦憲法に拘束されるが，その枠内で，州の憲法，法律を制定する自由を有する。各州は，たとえば，民主制の原理に拘束され（28条1項1段），この点について連邦との同質性が要請されるが，「同質性」は「同一性」を意味するものではない。

連邦憲法は著しく代表民主制を強調した統治原則にたっているが，各州がこれに拘束されるわけではない。民主制原理の基本原則が害されないかぎり，直接民主制を導入することは妨げないとされている。

(2) 住民投票の各種制度のうち，とりわけ，「住民表決」の制度と「住民発案」の制度が注目される。前者にあっては，決議は法的拘束力をもち，自治体の住民代表機関を拘束する。代表機関（地方議会）の議決に替えて，住民投票による自治事務についての決定がなされうるのである。後者にあっては，「住民発案」にもとづく住民投票の結果，賛成多数の場合には，「住民表決」を実現すべく，自治体の機関を拘束する。

これらは，明らかに公権力の行使であり，したがって，憲法改正によってEU市民参政権条項が導入されるまでは，外国人に投票権を認めることはできないとされていた。

それでは，1992年の憲法改正によって，このような規範状態に変化が生じたとみるべきであろうか。

この点について，積極説をとる論者は，同条項の導入によって憲法規範に変化が生じ，——直接的に明示されていないにもかかわらず——EU市民に住民投票権を付与することも許されるようになったとする。これに対して，消極説をとる論者は，憲法におけるEU市民参政権条項はあくまで選挙に関するものであり，EU市民に対する住民投票権の付与は違憲であると主張する。

まず，後者の主張をみることにしたい。

2．EU市民の住民投票権について

(1) EU市民も含めて，およそ外国人に住民投票権を付与することは憲法上

許容されえないとする見解の代表的論者はブルクホルツである。氏はつぎのようにいう[15]。

① 「すべての国家権力は，国民より発する」とする国民主権条項（20条2項1段）における「国民」とは，ドイツ国民を意味する。そして，この原則は，州，自治体にも妥当する。
② 積極説は文理解釈上無理がある。積極説のように主張するためには，EU市民参政権条項に「住民投票権」の明示がなければならず，または，「国民」概念の明示的修正がなければならない。
③ 憲法におけるEU市民参政権条項は，もっぱら「欧州共同体の法の基準にしたがって」権利保障をなすべきものとしているが，EC法は，自治体選挙における選挙権・被選挙権の実現を要請するのみである。
④ ドイツは連邦国家であり，州，自治体の法秩序には，連邦のそれとの関係において「同質性」が要請される。

ブルクホルツは，かくして，EU市民参政権条項の導入によって国民主権条項に変容が生じたわけではなく，また，州の立法権の範囲が拡張されたわけでもないとして，州法によるEU市民への住民投票権保障を，憲法上許されないものとする。

(2) これに対して，住民投票制度がもうけられた場合，EU市民にも，住民投票権を付与することは憲法上の要請だとする見解が主張されている。その代表的論者はバーレイである。氏は，つぎのようにいう[16]。

① EC法が選挙権・被選挙権を明示しているのは，最低保障とみるべきであ

---

15) Bernhard Burkhorz, Teilnahme von Unionsbürger an kommunalen Bürgerentscheiden?, DÖU 1995, S. 816f.
16) Barley (Anm. 4), S. 72ff.

り，これ以上のレベルでの保障を否認するものと解することはできない。
② 憲法における EU 市民参政権条項の導入によって，——自治体レベルにおいて——権力の民主的正当性の基礎に変化が生じたとみるべきである。自治体において，権力の民主的正当化は，EU 市民からも，由来している。
③ EU 市民が——自治体レベルにおいては——権力の民主的正当性の基礎であるとするならば，これに住民投票権を付与することは，憲法上許容されるにとどまらず，要請されているとみることができる。

　住民投票制度を導入するか否かは各州の自由であるが，ある州が導入することにした場合，憲法上，EU 市民に対しても住民投票権を付与すべき義務がある。

バーレイは，自治体に住民投票制度が導入される場合には，EU 市民を必ず参加させなければならないとする。これは憲法上の要請であるとするのである。

II　第三国出身の外国人の参政権？

1．新規定導入の影響

憲法における EU 市民参政権条項は，EU 市民の参政権に触れるのみである。そのほかの外国人（第三国出身の外国人）は，この新規定の導入によって，その法的地位になんらかの変化が生じたのであろうか。

憲法にこの規定が導入される以前，支配的見解によって，外国人に参政権を付与することは——たとえ地方レベルのものであっても——憲法の禁ずるところであるとされていたが，憲法改正により，EU 市民たる外国人に地方参政権を付与することは憲法上の要請とされるにいたった。このような規範状況の変化によって，そのほかの外国人に対する地方参政権の付与が憲法上許容されるようになった，とはいえないのであろうか。

一般論としていえば，憲法に新たな条項が導入された場合，その明文の及ぶ範囲をこえてほかの憲法諸規範に変化が生じうることは，当然ありうべきことである。たとえば，この新規定が EU 市民に，選挙権のほかに被選挙権を保障

する以上，EU市民に対して，立候補の自由，選挙運動の自由，そして日常における政党活動の自由も保障しているとみることができる。

2. 「国民」概念の相対化論

これに関連してもっとも重要な問題は，この新規定の導入によって，国民主権という場合の「国民」概念に変化が生じたか否かということである[17]。この規定によって，「国民」概念が相対化して，国籍保有者以外の者（外国人）もこれに含まれるようになったとするならば，EU市民以外の外国人に地方参政権を付与することも認められうることになるからである。すなわち，この規定が公民権のなかでもっとも重要な権利である参政権を——EU市民たる——外国人に保障している以上，国民主権条項，すなわち，「すべての国家権力は，国民より発する」との条項における「国民」概念にも影響を与えているのではないか，ということが問題になるのである。この点について，ある論者は，「国民概念のヨーロッパ化」，「国民概念の浸食」を語っている[18]。また別の論者によって，国民概念の「柔軟化」，「修正」が語られることもある。

これらを「国民概念の相対化論」，あるいは「国民概念の変容論」ということができよう。

この「国民概念の相対化論」は，外国人の選挙権推進論者からすれば魅力的な立論ではあるが，支配的見解の支持するところではない。

何よりもまず，EU市民参政権条項の規定には，このような「相対化論」を受けいれる余地がない。この規定には，EU市民「も」地方参政権を有する，

17) このほかに，平等原則違反の問題が議論されることもある。この憲法改正以前においては，EC市民のみに参政権を付与すれば，平等原則に反し違憲であるとの見解も有力であった。しかし，憲法に新規定が導入された現在，第三国出身の外国人に対する参政権差別が違憲とされることはありえない。28条1項3段における差別は，憲法自身が明示的に承認した差別とみることができるからである。

18) Stephan Hobe, Das Staatsvolk nach dem Grundgesetz, JZ 1994, S, 191 (193).
「ドイツ国民」の概念の境界をどこに引くべきかという問題は，これまでのドイツにおいて——たんなる法的問題であっただけでなく——重大な政治的な論争点でもあった。

としている。この規定の趣旨は,「国民」の参政権を保障している前段との対応関係において理解する必要がある。ここでは,「国民」を原則的な参政権者とし,EU市民を例外的な参政権者としている。例外的規定である以上,保障の範囲を解釈によって拡げることは許されない。この規定は,これまでドイツ国民のみがもつものとされてきた権利をEU市民にかぎって与えようとしているのである。

このように,憲法におけるEU市民参政権規定の導入によっては,第三国出身の外国人(一般外国人)の法的地位には,参政権について,なんらの変化もないとされるのである。

第6節 結 語

EU市民参政権についてのドイツの理論と実践は,われわれに少なからぬ示唆を与えうる。

ドイツにおいては,外国人の選挙権導入をめぐって,法学者,政党,市民団体,そして,マスコミなどにおいて,じつに激しい議論が展開された。この長期の論争の過程にあって,支配的見解は,一貫して,外国人の選挙権の導入について——国家レベル,地方レベルを問わず——違憲であるとしている。憲法改正による「EU市民参政権」の導入がなされたのちにおいても——第三国の外国人との関連において——この事情は変わらない。

ドイツにおける法理論の精密さは,徹底したディベイトに起因する。違憲論(禁止説)のねばり強い自己主張こそが許容説の理論レベルを高度なものにした。そして,合憲論(許容説)のレベル・アップが違憲論に再び反映し,その理論レベルの高度化に貢献している。

EU市民参政権についてのドイツの理論と実践を評価するさい,とくに留意すべきことは,ドイツにおいては憲法改正によってはじめて外国人の自治体選挙権が導入されえた,ということである。

第6章

憲法改正によって外国人に選挙権を与えることは可能か

第1節　はじめに

　現行の日本国憲法の下において，国政選挙，地方選挙を問わず，外国人に選挙権を付与することが許されないことは，これまでの検討からも明らかである。

　それでは，憲法を改正することによって外国人に選挙権を付与することは可能であろうか。国政選挙，地方選挙を問わず，可能とみるべきであろうか。また両者ともに不可とみるべきであろうか。それとも，国政選挙については許されないが，地方選挙については許されるとみるべきであろうか。

　日本国憲法は，国民主権を基本原理としている。憲法を改正して外国人に選挙権を保障することは，この国民主権原理に反しないだろうか。日本においてはこの問題についての議論は皆無に近いが，ドイツにおいては議論がなされている。まず，ドイツの学説状況を概見することにしたい。

第2節　ドイツにおける理論と実践

I　憲法改正による，外国人・地方参政権の導入

1. 学説と判例

(1) 憲法改正によって外国人の選挙権を導入しうるか否かについて，ドイツの学説は，地方自治体レベルにおいては許容されるが，国政レベルにおいては

禁止されている，とする傾向にある。

地方自治体レベルでの外国人の選挙権・被選挙権については，1992年の憲法改正によって，EU市民外国人にかぎって，導入されている。この憲法（基本法）改正は，欧州連合の設立（マーストリヒト条約）にともなってなされたものであった。憲法28条に，「郡および市町村における選挙にさいしては，欧州共同体を構成するいずれかの国家の国籍を有している者も，欧州共同体の法の基準にしたがって，選挙権および被選挙権を有する」との内容が組み入れられたのである。

この憲法改正は，1990年10月31日に，連邦憲法裁判所が外国人の地方自治体レベルでの選挙権付与を違憲としたことをうけたものである[1]。

(2) 1989年，ハンブルク市（州と同格），シュレスヴィヒ・ホルシュタイン州で社会民主党の主導のもとに外国人への選挙権付与が導入され，これが争われて違憲判決に至った。

判決は，地方自治体の選挙権の主体である「国民」とは，国民主権条項（20条2項）における「国民」と同じ意味のものであるとした。すなわち，「国民主権」という場合の「国民」がドイツ国民を意味するのと同様に，地方自治体参政権の主体とされている「国民」もドイツ国民を意味するとした。そして，これを理由に，これらの法律を違憲とした。なお，同判決は，憲法改正可能性にも触れ，つぎのようにいう。

　このことは，しかしながら，つぎのことがらを意味するものではない。
　現在，欧州共同体において議論されている，外国人のための自治体選挙権の導入が，憲法79条3項〔憲法改正限界条項〕の下で許容されている憲法改正の対象にはなりえない，ということを。

判示の趣旨は，上記の法律は違憲であるが，憲法を改正すれば，外国人の地

---
1) 本書112頁。

方選挙権の導入は許容されうる，とするところにある。連邦政府が，欧州連合との関係における国際法上の義務を果たすため，EU 市民に自治体レベルでの選挙権を付与するには，憲法 28 条を改正すれば足りるとしたのである。

なお，憲法 28 条の改正によって選挙権・被選挙権を獲得したのは「欧州共同体を構成するいずれかの国家の国籍を有している者」にかぎられる。そのほかの国の国籍を有する外国人は，この改正によって選挙権を許容されうるようになったわけではない。

また，憲法改正が許容されうるのは，あくまで地方自治体レベルのものであり，国政レベル（連邦・州）の選挙権にかかわるものではない。上記判示も，憲法改正によって外国人の国政選挙権を導入するということを容認しているわけではないのである。

2．憲法改正の限界について

(1) 憲法改正の限界をめぐるドイツの学説について，概見することにしよう。ドイツにおいて，憲法改正は無制限になされうるわけではない。憲法（基本法）79 条 3 項はつぎのように定める。

　この基本法の変更によって……第 1 条および第 20 条にうたわれている基本原則に触れることは，許されない。

選挙権との関係で問題になるのは，民主制の原理（憲法 20 条 1 項），国民主権原理（同 20 条 2 項）である。したがって，外国人の国政選挙権導入がこれらの原理に反するとすれば，その憲法改正は違憲無効とされうるのである（違憲の憲法！）。

ところで，民主制や国民主権にかかわるすべての憲法改正が違憲とされるわけではない。たとえば，憲法改正によって直接民主制を大幅に導入しても，ただちに民主制や国民主権に違背するわけではない。上記の憲法改正制限規定は，憲法の「恒久保障」を目的とするものであり，「価値自由的民主主義」を

排して「価値拘束的民主主義」の立場をとる。「防御をそなえた民主主義」の理念に立脚するものとされている[2]。それは，自由主義的価値観を前提とするが，「自由を否定する自由」まで認めるものではない。したがって，たとえば憲法を改正して社会主義体制を導入することは，「違憲の憲法改正」とみなされることになる。

(2) この条項が発動されるのは例外的事態であることが予想される。また，この条項は，主権者たる国民の，その時どきの改憲の意思を抑圧すべく作用する。したがって，この条項は，狭く，厳格に解釈される必要がある[3]。

このように改正制限条項を「狭く」解釈してもなお，外国人の地方選挙権付与のための改憲が違憲とされなければならないかどうかが問題とされる。より明確にいえば，外国人の地方選挙権の導入によって，民主制や国民主権の具体的なあり方が変容をこうむることになるか否かが問題になるのではなく，これらの原理の核心が害されることになるか否かが問題になるのである。

通常の事態を前提とするかぎり，外国人に地方選挙権を付与することにより，民主制の原理，国民主権の原理の「核心」が害されるという事態は容易に生じるものではない。このような前提からすれば，1992年の憲法改正によってEU市民外国人に対して地方レベルにおける参政権を付与したことは，憲法上許容の範囲内のものとみることができよう。

ここで留意すべきことは，ここでの判断の基準が，国政選挙か地方選挙かの区別にあるわけではなく，民主制ないし国民主権の核心が害されるおそれがあるか否かということにある，ということである。したがって，たとえ地方選挙にかかるものであっても，当該状況の下において，民主制ないし国民主権の核心が害されるおそれがある場合には，その憲法改正は許されないということになる。日本とドイツの事情を比較検討するさいには，この点に留意する必要がある。

---

2) たとえば，Maunz / Dürig, Grundgesetz Kommentar, Art. 79 Rn29.

3) たとえば，Jarass / Pieroth, Grundgesetz Kommentar, 12. Aufl., 2012, S. 876.

II 外国人の国政選挙権と憲法改正の限界

1. 改憲が許されるとする見解

学説の多数は，憲法改正によっても，外国人に国政選挙権を与えることはできないとするが，きわめて少数ながら，憲法改正によるならば，外国人に国政選挙権を与えることができるとする主張がなされている。そして，多数説の論者から，これに対する批判がなされている。両者の主張を検討することにより，この問題をめぐる理論上の争点をみることにしよう。

国政選挙権について，学説の多数は改憲不可能説をとるが，少数の見解は改憲可能説をとる。

改憲可能説の論者ベーレントは，国民主権条項の核心は，国家の民主的な基本秩序の維持にあるのであり，ドイツの国籍保持者による国家公民権の独占にあるのではない，とする[4]。その根拠として，「民主主義原理の本質は権力服従者が国家権力行使に参加することにある」旨を強調する。そして，外国人の国政参加を実現することは旧来の民主主義原理との乖離を意味するのではなく，そのさらなる展開を意味するものである，とする。また，このような方向での改憲がなされるとするならば，それは憲法制定者が制定時に予見しえなかった，生活関係の変化やものの見方の変化への適応を意味するものである，とする。

ベーレントの議論の骨子は，「権力の服従者」は自ら統治権を行使すべきである，とするところにある[5]。

---

4) Otto Behrend, Kommunalwahlrecht für Ausländer in der Bundesrepublik, DÖV 1973, S. 377. 同じような理由で憲法改正を可能とする論者として，たとえば，ヘンケル（Joachim Henkel, Politische Integration und Repräsentation ausländischer Arbeitnehmer in der BRD, Zeitschrift für Parlamentsfragen, 1974, S. 107.）がいる。

5) 同じく「治者と被治者の同一性」論という語を用いても，日本とドイツではかなり用法が異なるようである。欧米におけるデモクラシーの流れには二つのモデルがある。「同一性民主主義」と「立憲民主主義」がそれである。日本において「同一性民主主義」が語られるとき，この区別が意識されることはほとんどないものと思われる。なお，この点については，本書49頁。

2. 改憲は許されないとする見解

(1) 学説の多数は，これに対して，外国人に国政選挙権を保障するための憲法改正は，民主主義と国民主権の核心に触れるものであり許されない，とする。その代表的論者であるビルケンハイアーは，ベーレントの所論を批判する脈絡においてつぎのようにいう[6]。

① 改憲制限規定（79条3項）は，現状を絶対的に保障しようとするものではない。基本的諸原理の存在そのものを保障しようとしている。

② したがって，改憲によって直接民主制と代表民主制のバランスの再調整をなすことは自由である。「国民」自身がどこまで決定しうるか，代表機関にどこまで権限行使を委ねるかという点については，変更をなすことが許されている。

③ ただし，「民主制原理」そのもの，すなわち，すべての国家権力が派生する淵源が「国民」であるということについては変更することが許されない。国民主権は，「民主的平等」の原理にもとづくものである。主権者として「国民」に属するすべての者は政治的に等しい立場にあることが必要とされるが，これは「民主的平等」の要請である。

(2) ドイツの支配的見解はこのような立場を支持する。その理由は，上記の両者の見解を比較してみれば明らかであろう。

第1に，民主国家は人々を「国民」と「それ以外の人々」に区別することによって成立する。これに対して，君主国家は，──同様の意味で──区別することを必要とするものではない。かつての君主国家において，主権者は君主である。「服従者」は主権を分有する存在ではなく，これを「主権を行使しうる者」と「主権を行使しえない者」に分ける必要はない。

---

6) Manfred Birkenheier, Wahlrecht für Ausländer, 1976, S. 43ff. ちなみに，ビルケンハイアーは，地方自治体選挙については，憲法改正によって外国人の選挙権・被選挙権を導入しうるものとする（S. 129ff.）。

民主国家において，主権は「国民」総体に分有される。「国民」とは人々の集合体であるが，世界中の人々すべてを「国民」とすることはできない。民主国家は，人々を「主権を行使しうる者」と「主権を行使しえない者」に二分することによって成立する。

普通選挙を原則とする以上，国家構成員内部においてこの区別をなすことはできない。国家構成員は，原則として「主権を行使しうる者」でなければならず，また，「主権を行使しうる者」は国家構成員でなければならない。この「国家構成員」たる資格が「国籍」である。そして，「国民主権」という場合の「国民」とは，「外国人」すなわち「滞在国の国籍をもたない人々のグループ」と対比しうる「国籍保持者のグループ」をいうのである。

第２に，ドイツ憲法の国民主権条項（20条2項）は，つぎのように定める。

　　すべての国家権力は，国民より発する。国家権力は，選挙および投票において，国民により，かつ，立法・執行権および裁判の個別の諸機関を通じて行使される。

この規定は「国民」(Volk) とするのみで，「ドイツ国民」としているわけではない。この規定は，改憲可能論者のベーレントの主張にしたがえば，改憲の結果，

　　すべての国家権力は，国民および法律の定める一定の外国人より発する。国家権力は，選挙および投票において，国民および法律の定める一定の外国人により行使される，

ということになるのであろうか。一見して不自然の印象を禁じえない。これは，上記のような理論上の難点によるものと思われる。

いずれにせよ，多数説の立場からすれば，「国民」ではない人々に「主権的権限」を付与するのであるから，「国民主権」原理は，その核心において決定

的変容を蒙ることになる。そして，そのような変容は，憲法改正の限界の枠をこえるものであり，許されないとされるのである。

第3節　日本国憲法の場合

I　憲法改正によって外国人に国政選挙権を与えることは可能か

1．憲法改正の限界

　日本国憲法の下において，外国人に国政選挙権を付与するために憲法を改正することは許されるのであろうか。

　ドイツ憲法には，上にみたように，憲法改正の限界についての明示規定があるが，日本国憲法にはこのような限界規定がおかれていない。そこで，憲法改正に限界があるか否かについては，憲法解釈の任務とされることになる。ところで，限界がないとする立場からすれば，外国人に国政選挙権を付与するための憲法改正も，当然許されることになる。限界があるとする立場を前提として，はじめてこのテーマが意味をもつようになる。

　この点について，かつては多様な議論が展開されていたが，現在では，学説の多数が限界を肯認する立場にある。もっとも，その根拠，そして限界の基準については，限界を認める論者のなかでも見解の相違がみられる。しかし，国民主権原理が改正の限界を画するという点については，限界を認める論者の間において学説はほぼ一致している。

　この章は，憲法改正の限界そのものについて議論することを課題としているわけではないので，学説の多数にしたがって，①憲法改正には限界がある，②国民主権原理は改正の限界を画している，の2点を検討の前提とすることにしたい。

2．憲法改正と外国人の国政選挙権

　ドイツにおける少数説（ベーレント）と支配的見解（ビルケンハイアー）の立場は，そのまま日本国憲法の解釈についての2つの思考モデルになりうるもの

と思われる。そして，後者のモデルは，日本の通説的立場に対して，ひとつの方向を指し示しているように思われる。

　ドイツの支配的見解を念頭におきながら，この問題，すなわち，憲法改正によって外国人に国政選挙権を付与することは可能か，という問題を整理することにしたい。この問題については，つぎのように考えることができるのではないだろうか。

① 憲法改正に限界があるとする見解は，現状を絶対的に保障しようとするものではない。憲法の基本原理の存在そのものを保障しようとするのである。

② したがって，国民主権との関係でいえば，憲法改正によって直接民主制と代表民主制のバランスの再調整をなすことは自由である。代表機関にどこまで権限行使を委ねるか，という点については変更をなすことが許される（たとえば，国会議員に対するリコール制度の導入なども許される）。

③ ただし，国民主権原理そのものについては変更することができない。国民主権原理は「民主的平等」を要請する。この「民主的平等」は，ⓐ国家構成員は，原則として「主権を行使しうる者」でなければならないということのほか，ⓑ「主権を行使しうる者」は国家構成員でなければならないということを要請する。なぜなら，国家構成員に非ざる者が主権を行使することになれば，国家構成員は，「他律支配」を受けることになるからである。

④ 「国家構成員」とは国籍保有者のことであり，「国家構成員に非ざる者」とは外国人のことである。後者に主権を行使する資格を与えることは，国民主権そのものを否定することになる。

⑤ 国民主権原理は，国民と外国人との区別を構造的に要請する。君主主権の下では，主権は単一者の手にあり，人々はその服従者として現れる。君主の立場からすれば，服従者の国籍はどうでもよいことになる。

　一方，国民主権の下では，人々は主権の担い手として現れる。この人々

は，本来的に一定の限定性をもった存在である。世界中の人々を日本国の主権者とすることはできない。主権者の範囲を無限に拡張することは国民主権の否定を意味する。君主主権はコスモポリタニズムと結合し，国民主権はナショナリズムと結合する。この結合は構造的なものであり，また歴史的なものである[7]。

憲法改正に限界があることを認める立場を前提とすれば，改正によって外国人に国政選挙権を付与することは，その限界をこえるものといわざるをえない。

II 憲法改正によって外国人に地方選挙権を与えることは可能か

1．基本原則の「核心的内容」とは何か

ドイツにおいて，憲法改正によってEU市民外国人への地方参政権付与が導入された。そして学説において，EU構成国以外の国を出身国とする外国人についても，憲法を再度改正すれば地方参政権を付与することが許される，とされている。

ドイツにおいて，憲法改正に限界がもうけられているのは，現状維持のためではなく，「基本決定」の「核心的内容」の維持のためであるとされている。

ドイツにおいて，憲法の基本原則は，しばしば「憲法の基本決定」といわれる。「基本決定」の内容について，学説の多くは，①民主制，②法治国，③社会国家，④共和制，⑤連邦国家，の諸原理を列挙する。これらは，「憲法の憲法」，「憲法の最高規範」であるとされ，これらの諸原理の「核心的内容」にかかる憲法改正は不可とされている。

判例，そして学説の多数は，EU市民の地方参政権の導入について，これを民主制の「核心的内容」を害するものではないとして，憲法改正の限界内のも

---

[7] 参照，本書43頁。ケルゼンは，その著『一般国家学』において，「外国人でも国家秩序に服するかぎりは国民に属する」としている（清宮訳267頁）。この趣旨は本文の脈絡において把握されうる。

のとした。

　日本国憲法の場合，外国人に地方選挙権を与えるための憲法改正が許されるか否かについて，どのように考えるべきであろうか。基本原則の「核心的内容」にかかる憲法改正は許されない，とのドイツの法理論は日本国憲法の解釈にも基本的に妥当しうるものと思われる。

　ドイツにおいて，学説の多数は五原則説をとっているが，日本の学説においては三原則説をとる論者が多いようである。三原則説の立場からすれば，外国人参政権については，国民主権の侵害が問題になる。ドイツにおいては，民主制の原理が問題になるが，この差異は重要な意味をもたない[8]。

2．憲法改正と外国人の地方参政権

　日本国において，憲法改正によって外国人の地方参政権を導入することは，国民主権原理の「核心的内容」を害しないといいきれるであろうか。この点を検討するためには，つぎの2点をみる必要がある。

　第1の留意点は，国民主権の「核心的内容」とは何かということである。外国人に国政選挙権を与えることが国民主権の「核心的内容」を害するものであることは明らかである。そして，国政選挙権を付与することがなくても，別の手段によって，実際の作用において外国人に国政への影響力を認めるに等しい事態をもたらすことがあれば，国民主権の「核心的内容」を害するものとみることができよう。

　第2に，外国人参政権をめぐる，日独間における状況の異同をみる必要がある。状況が基本的に類似していれば，当該問題についての憲法解釈に大きな差異はないとみることができる。状況が大きく相違していれば，憲法解釈の結果

---

8) 学説の多数は，国民主権，基本権の尊重，平和主義を日本国憲法の基本原則とする。しかし，3原則とすることについて十分な根拠があるわけではなく，これを批判する論者も少なくない。ちなみに筆者は，①君主制，②民主制，③法治主義，④単一国家，の諸原則を憲法の基本原則とする（長尾「日本国憲法（第4版）」2011年，16頁以下）。なお，本文における国民主権にかかる説示は，そのまま民主制の原理に妥当する。

に相違をきたすことになる。憲法解釈の結果は，状況いかんによって左右される。法の解釈に影響を与えうる状況のことを「要件事実」という。学説は，憲法上の要件事実のことを「立法事実」という。ドイツの論者は，これを規範認識にさいしての「経験的契機」という[9]。

　以上の検討によって，つぎのことが明らかにされた。ドイツにおいて，外国人の地方参政権のための憲法改正は，民主制原理等の「核心的内容」を害するものではないとされた。このような規範認識が日本においてただちに妥当するわけではない。状況が相違すれば，異なる帰結が正当とされることになる。

　外国人参政権のための憲法改正が許されるか否かの問題は，日本の現状において，外国人への地方参政権の付与が，外国人の国政への影響力を与える事態を引き起こすか否かによって判断されるべきである。このような事態の惹起が予想されうる場合には，改正の限度をこえるものとして許されないということになる。

第4節　結　　語

　シュテッカーがあらためて確認したように，国民主権には対外的側面がある。外国ないし外国人による国政への影響力の行使もまた，国民主権の侵害にあたる。国民主権は，「他律支配」の拒絶を要請するからである[10]。

　現在の日本において，外国人に参政権を付与した場合，それが地方選挙権であっても，外国人の選挙人によって国政が左右される可能性があることに留意する必要がある。

　ドイツの場合，外国人の関心は，もっぱら各人の生活条件の向上にあるが，日本において永住資格をもつ外国人の関心は，これにとどまるわけではない。

---

9)　アレクシーによれば，規範認識には，①規範的契機，②分析的契機，③経験的契機の3つの契機があるとされる。この点について，長尾「基本権解釈と利益衡量の法理」2012年，26頁。

10)　本書88頁。

地方選挙権が付与された場合，都道府県議会・市町村の議会の議員選挙，知事選挙，市町村の長の選挙などをとおして，定住外国人が尖閣諸島問題，竹島問題，沖縄の米軍基地問題に影響力を行使する可能性が高い。日本の現状において，外国人に地方選挙権を与えることは，それ自体において外国人が国政に関与する事態を引き起こすことになる。

　さらにいえば，日本とドイツとの決定的な相違点は，日本の政治家，マスコミ，教育界などにおいて，国家意識，国民意識が著しく欠如している点を挙げることができよう。ドイツを含め，世界のすべての国において，国政の運営の基本は「国益」の増進にあるとされているが，日本において「国益」が語られることはほとんどなく，かわりに「地球市民的価値」，「地球民主主義」が語られる状況にある。

　このような状況の下で外国人に地方参政権を付与することは，国民主権の「核心的内容」を害することを意味する。外国人への参政権付与のための憲法改正は，たとえ地方参政権にかかるものであっても，憲法改正の限界をこえるものとして，許されないとみるべきである。

終　章

ドイツの法理　日本の学説

I　2つの課題

　外国人参政権の問題はやっかいな問題だ，といわれることが多い。この意味は深長である。つぎの2つの意味をもつものと思われる。

　第1に，この問題は，憲法上のあらゆる領域と接点をもつ。外国人参政権の問題は，民主制論，国民主権論，基本権の本質論はもとより，国家主権論，さらには，安全保障の問題にもかかわりをもつ。この問題を検討しようとする者は，これらすべての問題への対応を迫られることになる。そして，これらの問題点の検討を経て，外国人参政権の問題にようやく直面することになる。

　第2に，外国人参政権の問題と対応することによって，その論者たちは，研究者としての姿勢を問われることになる。外国人参政権の問題は，実践的契機の顕著な問題である。論者たちはそれぞれこの問題に対して，あらかじめ政治的な見解をもっている。よほどの禁欲的な姿勢を保持しないかぎり，論者の，合憲性についての判断は，自らの政治信条によって左右されることになる。このとき，その論者は，研究者などではなく，政治評論家になっているのである。「政治的なもの」と「法的なもの」をいかにして峻別しうるか。この問題は，すべての憲法学者が直面せざるをえない重い課題である。

　以下，IIにおいて第1の問題点に触れ，IIIにおいて第2の問題に触れることにしたい。すでに1章から6章までにおいて，詳しい検討がなされているので，ここでは要点を整理するのみにとどめることにしたい。

　日本の学説とドイツの法理論を比較しながら要点整理をおこなうことにしたい。日本の学説については，多数説（国政選挙権・違憲論，地方選挙権・合憲論）

を念頭におくことにするが，必要に応じて少数説にも目を向けることにする。

II　外国人参政権の憲法論

(1)　ドイツにおいては，民主制の原理について徹底的な検討がなされた。とりわけ地方選挙権との関連においては，「支配の民主的正当性」の観念をめぐって長期にわたる論争が展開された。この原理については，憲法改正が成立してからのちにおいても，新たな議論が形成されている。

日本の合憲論者にあっては，民主制の原理については，ただ「代表なければ課税なし」とするアメリカ独立当時の政治スローガンが繰り返されるのみである。国民主権についても，ほとんど議論されることがなかった。

日本において，民主制，国民主権について，議論らしい議論がなされないままに合憲説が多数になった。ここに憲法規範を尊重する態度をみることはできない。

(2)　ドイツにおいては，国政選挙と地方選挙の間には厳然たる区別がなされている。国政選挙権を外国人に与えることは，憲法改正の限界（許容限度）をこえるものとされる。その憲法改正は，「違憲の憲法改正」であるとされるのである。

憲法には基本原則がある。この基本原則に触れる憲法改正のすべてが許されないわけではない。基本原則の「核心」を害する憲法改正のみが，改正の限界をこえるものとみなされる。外国人参政権の導入は，地方選挙権についても，民主制の原則などを害することから違憲とされる。しかし，民主制の原則の「核心」まで害するものでないとされる。かくして，地方参政権については，導入のための憲法改正が許される，と主張されるのである。

日本の合憲論者にあっては，相当数の学説において，国政選挙と地方選挙の区別が十分になされない傾向にある。論者によっては，国政選挙と地方選挙の間を区別する理由はみあたらない，などと主張されている。

(3) ドイツの議論において，このほかの憲法原則も重視される。たとえば，普通選挙の原則，平等選挙の原則，法の下の平等などが外国人の参政権といかなる関係をもつのか，などが議論される。このような問題が，違憲論，合憲論の立場を問わず議論されてきた。この点について，日本においては，議論が少ないように思われる。

(4) 外国人参政権の問題を議論するにさいしてもっとも重要な概念のひとつが「国民」の概念である。ドイツにおいては，「国民」は「運命共同体」の一員とみなされる。多数の論者は，国家を「政治的運命共同体」とみなして，国民をその一員と考える。合憲論者にあっても，運命共同体の概念が否定されるわけではない。合憲論にあっては「生活・運命共同体」という概念がしばしば用いられる。国家が運命共同体であるという認識は，違憲論，合憲論を問わず，前提とされている。そして，しばしば，外国人参政権の導入が「忠誠の衝突」を惹起することが問題とされる。ドイツという共同体に対する忠誠義務と，出身国への忠誠義務の衝突が問題にされるのである。

　日本の導入論者においては，国家が「共同体」であるとされることはほとんどない。忠誠問題が議論される余地などまったくない状態である。

　日本の議論において「国民」の概念が深く論ぜられることがないのは，憲法学説において，「国家」についての議論がまったくといっていいほどなされていないことに起因する。外国人の参政権をめぐる議論において，国家主権の問題が脱落しているのは，このような事情によるものとみることができる。

(5) 法の解釈については，日本においても，ドイツにおいても，基本的なルールが広く認められている。① 体系的解釈，② 文言解釈，③ 歴史的解釈，④ 比較法的解釈，⑤ 立法者意思的解釈，⑥ 目的論的解釈などがこれにあたる。

　ドイツの学説が，違憲論，合憲論を問わず，これらのルールへの配慮をおこなっていることは，それぞれの慎重な論証の内容からも明らかである。

　一方，日本の学説においては，これらのルールへの十分な配慮をみることは

できない。

　日本の合憲説において，体系的解釈のルールへの配慮はほとんどなされていないようである。このことは，民主制，国民主権の原理との関連でも明らかである。合憲説にあっては，在日外国人もまた，「日本国民」であるとされることがある。これが文言解釈のルールに反することは明らかである。また，国政選挙権・許容説，地方選挙権・要請説が，比較法的観点を欠いた議論であることは明らかである。日本における合憲説にあっては，日本だけにしか通用しえない立論が少なくないものとみることができよう。

III　外国人参政権をめぐる「法」と「政治」

(1)　およそ憲法問題を論ずるさいにおいては，合憲・違憲の問題と賛成・反対の問題をはっきり区別する必要がある。合憲か否かの判断は法的判断であるが，賛成か反対かの判断は政治的判断である。両者はまったく別異のレベルに属する。したがって，合憲・賛成論，違憲・反対論のほかに，合憲・反対論，違憲・賛成論もありうる。

　外国人の参政権について，たとえ違憲であったとしても，これに反対しなければならないわけではない。憲法改正によって導入が可能であるならば，憲法改正を主張すればよい。逆に合憲であったとしても，導入に賛成しなければならないわけではない。「合憲だが反対」との主張をなすこともありうる[1]。

　ドイツにおいて，この区別はかなり明確になされている。マーストリヒト条

---

1)　筆者はかつてこのような「合憲だが反対」の立場にあった（長尾「外国人の参政権」（世界思想社，2000年））。現在では，「違憲・反対」の立場にある。本書の目的のひとつは，改説の理由を明らかにすることにある。法的判断と政治的判断を峻別する立場は，これを崩すことができない。旧著を再検討する作業は，2つのレベルでおこなわれた。

　その第1は，外国人の地方参政権に反対する政治的判断の当否の検討である。第2の作業は，自分がこれまで依拠してきた法解釈の方法論の再検討である。2012年に刊行した「基本権解釈と利益衡量の法理」（日本比較法研究所）は，その成果である。旧著の再検討は，私自身にとって長年の宿題であり，また読者に対する責任でもあった。

約により，EU出身の外国人に参政権を与えることになったドイツ政府は，憲法改正に踏み切った。当時のドイツの論者の多くは，この政府の立場を支持した。「違憲だが，導入には賛成」であるとして，憲法改正を支持したのである。

　日本においては，この区別の必要性は理解されているものの，論者の実践においては，区別されない傾向がみられる。

　90年代において学説の大変動があった。外国人の地方参政権について，違憲説をとっていた論者の多くが，わずか数年間のうちに合憲説に立場を変更した。国民主権，民主制の原理についてなんら議論することなしに，学説の変動が生じたのである。規範認識において変化がないとすれば，違憲説から合憲説への変化は，政治的信条の変化に起因するものであったといわざるをえないのである。

　このように，政治的信条が憲法に優位せしめられる事態は，戦後の憲法学においてしばしば目にする現象である。

(2)　外国人選挙権論をとおして，規範論理の理解について，日本とドイツの論者の間に見解の相違があることが示されることになった。日本においては，学説の多数は，合憲・違憲の2分論を採るが，ドイツでは，禁止，要請，許容のカテゴリーが用いられる。

　日本の2分論は誤りとはいえないが，不便である。外国人の選挙権を認めていない現行の公選法が合憲であることは，ほとんどの論者が認めるところである。しかし，この合憲論者たちは，これを2つのグループに分けることができる。ひとつは禁止説であり，ひとつは許容説である。禁止説の立場からすれば，外国人の地方参政権を導入することは憲法違反とされる。許容説からすれば，導入のいかんは立法裁量の問題とされ，導入しなくても合憲，導入しても合憲とされる。

　ドイツにおいては，この3分論は，すべての憲法問題に妥当するものとされている。

(3) 外国人参政権の導入論は，ドイツにおいては70年代以降，学説によって主張されている。70年代の当時，「奇跡の経済復興」によって大量の外国人労働者が流入し，事実上「移民」現象を呈するようになった。彼らは，出身国の生活文化をドイツの都市にもち込み，ドイツ人住民との間に文化摩擦が生じることになった。

このような摩擦を減少させるために「統合」(Integration)が主張されるようになった。ドイツの生活文化への「統合」をはかることにより，摩擦を減らそうとしたのである。外国人参政権論は，このような統合政策の一環として主張されるようになった。

日本における参政権導入論にあっては，まったく目的を異にする。日本においては，「統合」ではなく，「共生」が主張される。共生論においては，外国人はそのままの形で滞在することが前提とされる。この共生論の論者の多くは，地球市民論の影響を，直接的，間接的に受けている。ところが，地球市民論には，憲法のたてまえと矛盾する面がある。日本国憲法は，あくまで主権国家の存在を前提に国際関係をみている。ところが地球市民論は，主権国家の超克を究極的な目的としている。このように共生論は，憲法の前提とは立場を異にする政治思想に立脚するものである。日本における外国人参政権論と，ドイツにおけるそれとは，このような点において，思想的基盤を異にするということに留意する必要がある。

以上，憲法規範の認識内容の問題について(I)，そして憲法規範認識のあり方について(II)，ドイツの理論と日本の学説の整理がこころみられた。その結果は明らかである。両者の間に格段の差があることを認めざるをえない。80年代以来，相当の時を経たが，この格差は縮まることはなく，さらに大きなものになりつつあるように思われる。

その要因は何であろうか。それが，戦後憲法学のあり方そのものに起因することは明らかである。ここでその問題点を検討することはできない。補論という形で述べることにしたい。

補　論

戦後憲法学における「国家」と「国民」

I　はじめに

(1)　序章以下の本論において明らかにされたことは，外国人の参政権をめぐるわが国の議論のあり方には，特異な点がみられるということであった。日本の学説においては，国政選挙権について合憲論が有力に主張されている点，地方選挙権については許容説が多数の支持を集めているにおいて，特異のものがあるといわざるをえない。

外国人の参政権の問題は，選挙権について，これを国民固有の権利，憲法上国民に留保された権利とみるべきか，それとも，国民以外の存在，すなわち外国人にも与えられうる権利とみるべきかの問題である。選挙権の保障は国民の枠にかぎられるのか，それとも，この枠にかぎられるわけではないのか，が問題にされる。いずれの立場にたつにせよ，「国民」とは何か，という点が問題になる。

一般に「国民」とは，「国家」の構成員であるとされる。かくして，「国家」とは何かということが問題になる。国家の観念が明らかにされないかぎり，「国民」の意義も不明のままにとどまることになる。

序章以下の本論では解釈論のレベルでの検討がなされてきたが，この補論では，近代国家の論理に着目して検討を進めることにしたい。

(2)　それでは，「国家」とは何であろうか。この問題は，難問中の難問である。日本の憲法学説において，「国家」が正面から論ぜられることはほとんどないからである。もちろん憲法学において，「国家」がまったく議論されてい

ないわけではない。しばしば，国家について議論されることがある。しかし，国家が問題にされるのは，2つの場合にかぎられている。

　第1に，西欧の憲法史を検討する脈絡のなかで「国家」が論ぜられることがある。第2に，しばしば，国家主権の相対化を論ずる脈絡のなかで，「国家」が論ぜられることがある（たとえば，「公法研究」64号，「憲法問題」9号の諸論稿）。

　しかし，これらのいずれにおいても，国家の本質，あるいは，その機能が正面から論ぜられることはない。国家論は，戦後の憲法学のなかで，「忘れられたテーマ」になっているということができよう。

　このような事情は，憲法学にかぎられるわけではない。政治学においても，同様の事情をみることができる。この点についてある論者は，政治学者のなかで「国家」を専門の研究対象としている者が皆無に近いと述べている。そして，ときとして「国家」が議論される場合があるが，そのときには「国家権力から個人の人権をまもらなければならない」などとの主張の脈絡のなかで論ぜられるにとどまるとしている（坂本・後掲「国家学のすすめ」）。マルクス主義憲法学においては，国家論が盛んに議論されたが，国家とは階級支配のための強制装置であるとされ，その存在自体が揚棄の対象と考えられていた。憲法学と政治学において「国家」への積極的論及がほとんどないのであるから，他の分野においてこれを期待することは困難である。

　(3)　憲法学，政治学などにおける国家論の忌避は，西欧の状況と比較すれば，特異の現象であるということができよう。近年，西欧の政治学者のひとりが，国家論を内容とするその著書において，「社会科学の主要な分野における研究者のすべてが，主権国家に関心を向けている」と述べていることが想起される（ソレンセン・後掲書）。

　日本の状況はまことに不思議な現象である。われわれは，国家なしでは自由も平等もありえず，自らの安全と生存すら確保し得ないことを十分に理解している。それにもかかわらず，戦後の憲法学は国家の本質とその機能について論ずることを回避してきた。そして，国家が論ぜられるとき，国家はもっぱら侵

害行政の主体として，いわば悪役として登場することになるのである。なぜなのであろうか。

その理由には多様なものがあるが，もっとも重要なものは日本国憲法制定の事情にあるように思われる。すなわち，制定事情の特異性にあるように思われる。つぎにこの点についてみることにしたい。

II　戦後憲法学について

憲法学の流れ

戦後の憲法学には，大きく分けて四つの流れがある，とみることができる。
- マルクス主義憲法学
- リベラル派憲法学
- 自由主義憲法学
- 保守派の憲法学

がそれである。

第1の「マルクス主義憲法学」は，その主張内容において，つぎに述べる「リベラル派憲法学」と共通するところが少なくないが，最終的には日本国憲法を廃棄して，社会主義国家を日本において実現することを目的としていた。

第2の「リベラル派憲法学」は，宮沢俊義氏の主張を核としながらも，それに立場の近い人々によって，主張され，展開されてきた憲法観をいう。天皇制度に対する否定的な態度，自衛隊に対する否定的な態度を特質としている。日本の安全保障については，非武装中立をもって是としている。共産主義に対しては，融和的な立場，すなわち「反・反共」の立場をとる。

第3が，「自由主義憲法学」である。西欧における自由主義的な価値原理を重視し，共産主義に対して否定的な立場をとる。

第4の流れは，「保守派の憲法学」である。この立場の論者は，日本国の伝統，日本の安全保障を重視する。自衛隊が合憲であることは，当然のこととされる。

「保守」の意味は，国によって大きく異なる。アメリカにおいて，保守の運

動は，宗教的モラルの回復運動の意味をもつ。たとえば，堕胎や同性婚の問題において，リベラル派はこれを許容するが，保守派はこれを否定する。ドイツにおいては，「保守」の概念は多様な意味で用いられている。イギリスにおいては，フランス革命の理念の対抗概念をもって「保守」とみる傾向がある。また，本来の「保守」の立場は，「右翼」とはまったく別のものである。むしろ，右翼と左翼が近い関係にあることに留意する必要がある。ナチズムとスターリニズムは，双子のように似ている。一党独裁，強制収容所，秘密警察，全体主義など，支配の方法はほとんど変わらない。暴力による政治変革を肯定する点も共通している。このような，左右の全体主義を否定するのが，保守の立場である。

91年のインパクト

　戦後の憲法学において，分岐点は，1991年のソ連の崩壊である。当時のロシア政府筋による「ロシア革命否定論」は，世界中の共産主義勢力に致命的なダメージを与えた。「ロシア革命という歴史的実験は失敗だった。その結果としておこなわれた国内粛清などによって，一千万人の人命が失われた」と明言された。念のためにいえば，この数字は，かなり控えめなものである。いずれにせよ，共産主義勢力の崩壊は，世界的な現象になった。西欧各国の共産党は，あるいは解党宣言を出すことになり，あるいは党の性格を改めざるをえなくなった。日本国内においても，共産主義革命を主張する政党は存在しなくなった。

　「マルクス主義憲法学」の運命も例外ではない。ソ連の崩壊以降，その影響力は急速に失われていった。それまで，マルクス主義憲法学は，リベラル派憲法学とともに，戦後憲法学の主流をなしていたが，そのような影響力は失われた。

　リベラル派憲法学は，これ以降も，憲法学の主流の立場にある。

III　戦後憲法学と「国家」の問題

日本国憲法の制定について

　日本国憲法そのものの問題点をみることにしたい。日本国憲法には，つぎの点において問題があるといわざるをえない。

- 元首の規定をもたない。
- 国防の規定をもたない。
- 緊急事態の規定をもたない。
- 前文に「平和を愛する諸国民の公正と信義に信頼して，われらの安全と生存を保持しようと決意した」との規定がある。
- 日本国憲法は，外国の軍事支配の下で，外国の軍隊（GHQ）がつくった憲法である。草案の作成も，外国の軍隊によっておこなわれた。
- 憲法草案を審議するために，昭和21年に議会選挙がおこなわれたが，GHQの許可がなければ立候補することもできなかった。
- 議会における憲法草案の審議において，議員が提案する場合には，あらかじめGHQの許可が必要とされた。
- 戦前とは比較にならない厳格な検閲がおこなわれていた。
- 憲法制定に前後して公職追放がおこなわれたが，その影響は憲法草案の審議にも及んでいた。

　憲法前文によれば，日本の周辺諸国は，すべて「平和を愛する諸国民」だということになる。かくして，日本の「安全と生存」はこれらの国の「公正と信義」を信頼することによって確保される，ということになる。これがいかに不合理なものであるかということについては，いうまでもないことである。
　占領軍が，軍事占領の継続中に憲法改正をおこなうことには，国際法上問題があるとされている。ソ連崩壊のあと，その支配から自由になった東欧の国々において，新憲法が制定されたということに留意する必要がある。

占領中の検閲の厳しさには，想像を絶するものがあった。たとえば，「わが国」という言葉は禁止されていた。また童話作品において，「てんとう虫くん，アリくん，かぶと虫くん」と書かれていたところ，「かぶと」という字は，武装を意味するものとして，その童話の発行が禁止された。当然，政治的発言については，これ以上の厳格な規制がなされていた。

戦後憲法学と「国家」

日本国憲法の条文を一見して気づくのは，「国家」の影がかぎりなく薄いということである。国家の存在意義が極度に軽視されていることである。GHQは，なぜこのように「国家」の影の薄い憲法をつくったのであろうか。この問題は，のちに述べることにしたい。

宮沢憲法学において「国家」の影が薄いのは，このような憲法をつくったGHQの意図を忖度したものとみることができる。リベラル派憲法学の代表的論者であった，宮沢俊義氏が，なぜそのような憲法論を主張するようになったのかという問題については，のちに述べることにしたい。ここで確認すべきことは，宮沢憲法学における国家の軽視が，占領初期のGHQにおける占領目的を直截に反映したものだということ，そして，リベラル派憲法学がこれを受け継いできたということである。

マルクス主義憲法学においても，国家の存在意義はかぎりなく軽視されていた。その多くの論者が非武装主義を主張しているが，その意図は明らかである。マルクス主義者において，究極の目的は社会主義革命の遂行にあるが，軍隊の存在は，革命の遂行にとって大きな障害になる。ちなみに，「中立」の主張は，日米安保条約の否定を含意している。

日本国憲法が制定されたのは，占領のごく初期のことである。占領初期において，アメリカは日本に対してどのような占領目的をもっていたのであろうか。

「ウィーク・ジャパン」と「ストロング・ジャパン」

　GHQが日本国憲法をつくったのは，その占領目的を達成するためである。憲法制定時における「占領目的」とは，どのようなものだったのであろうか。日米において主張されている議論は，つぎの3説に整理できる。

　① 自由と民主主義を日本に拡めるため
　② 日本の恒久的弱体化，保護国化のため
　③ 日本の社会主義化のため

　これらのうちいずれが正しいか，を考えるためには，あらかじめつぎの2点に留意する必要がある。

　第1に，アメリカには，伝統的に2つの対日政策があった。ウィーク・ジャパン論（日本は弱いほうがよい）とストロング・ジャパン論（日本は強いほうがよい）がそれである。アメリカが日本をライバルとしてみるときには，前者の政策がとられる。アメリカが日本を，ロシア（ソ連），中国などの大陸における強大な軍事国家に対する「防波堤」とみるときには，後者の政策がとられる。アメリカの対日政策は，この2つの政策の間を揺れ動いてきた。日露戦争の時には，ストロング・ジャパンの政策がとられたが，20世紀の前半においてはウィーク・ジャパンの政策がとられていた。

西ドイツ憲法と日本国憲法

　第2に，占領中に，アメリカは，日本に対する占領目的を変えている。昭和22年，23年あたりをさかいとして，それまでとられてきた，ウィーク・ジャパンを放棄して，ストロング・ジャパンをとるようになった。変化の要因は，冷戦の開始，共産主義中国の強大化である。そして，これに続く，朝鮮戦争が決定的要因になった。

　ここで確認しうることは，日本国憲法がつくられたときには，ウィーク・ジャパンの政策がとられていた，ということである。占領当初において，日本における工業の復活をすべて禁止して，日本を江戸時代なみの農業国家にもどそうとする案もあったほどである。

日本国憲法は，日本弱体化政策の一環としてつくられた。アメリカがこれを後悔して，日本政府に対して再軍備を要求するようになったのは，この政策変更のあとのことである。

　以上を前提に，初期の占領目的を考えてみれば，少なくとも，①が誤りで，②が正しいことは明らかである。占領軍が当初，自衛のための軍隊をもつことをも禁止する憲法をつくろうと意図していたことは明らかである。自衛のための軍隊の保持をも禁止することは，独立国としての日本の存立を否定することを意味する。アメリカには当初，日本を，事実上保護国化する方針があったようである。

　同じく敗戦国でありながら，日本国憲法と西ドイツ憲法（ドイツ基本法）は，まったく内容を異にする。

　日本国憲法においては，国防の規定が存在せず，前文においては，「平和を愛する諸国民」に関する規定がおかれている。これに対して，西ドイツ憲法においては，国防軍に関する規定がおかれている。そして徴兵制度がもうけられた。

　両者の相違は，憲法制定の時期の差に起因する。終戦直後，アメリカは，日本とドイツこそが国際社会におけるトラブルメーカーであり，この両国をおさえれば，当分の間，平和を保つことができると考えていた。しかし，間もなく冷戦が始まり，平和の敵はソ連，中国をはじめとする社会主義国家であるとされるようになった。西ドイツ憲法が制定された1949年の時点においては，すでに冷戦の開始が明確になっていた。アメリカはソ連に対抗するために，ドイツを未来の同盟国と位置づけ，ドイツにおいては「普通の国」の国防体制を定めることにした。

　しかし，日本国憲法制定の当時においては，冷戦の事態が生じていたということは必ずしも明らかではなかった。日本国憲法が国防の規定をもたないという，近代国家としては特異の内容のものになったのは，このような歴史的事情によるものである。憲法制定が，かりに1年後であったならば，GHQは，国防について，西ドイツと同様の憲法を作成したものと思われる。そして，憲法

学説の「国家」についての意識も，現在とは異なっていたのではないかと思われる。

ブッシュ大統領のヤルタ会談批判

近時，上記③の見解が主張されるようになっている。これは，終戦直前まで大統領であったルーズベルトの側近たちに共産主義者が多数存在していたこと，そしてルーズベルト本人にも，ソ連や人民中国に好意的な言動があったことに起因する。

アメリカといえば「反共国家」のイメージが強いが，アメリカが明白に「反共」を旗印にしだしたのは，1947年以降のことである。

③が正しいかどうかについては確証がない。しかし，いまでは，国務省，ホワイトハウス，GHQ，そしてOSS（アメリカ戦略情報局）の高級官僚の中に，共産主義者が多数在職しており，これらがトルーマンやマッカーサーの意思決定に大きな影響を与えていたということは確実とみられている。

2005年，ブッシュ大統領はラトビアを訪問し，その首都リノにおいて，1945年のヤルタ会談を批判した。

ヤルタ協定は，戦後処理の方法をめぐって，ルーズベルト，チャーチル，スターリンによって締結された。ブッシュ大統領は，この協定の内容を問題にして，ルーズベルトは「史上最大の過ちのひとつ」をおかした，と批判した。

アメリカの大統領が，他国において，自国の元大統領を批判したのであるから，世界中の重大ニュースになった。

ヤルタ協定の問題点は，ソ連の国連加入のみかえりとして，ポーランドやバルト三国などの東欧諸国をソ連に与えるとした点にあった。また，ソ連の対日参戦のみかえりとして，日本の北方領土をソ連に与えるとした点にあった。東欧諸国や日本などの承諾なしに，勝手にソ連の支配権を認めたわけであるから，ルーズベルトの責任は重大である。

GHQの日本支配は，7年に及んだ。この間，GHQは日本人の精神構造の改変に取り組んだ。それは，周到で徹底的なものであった。そのために学校教

育はもとより，新聞，ラジオ，娯楽映画まで利用された（たとえば，江藤・後掲書）。東京裁判もこのような趣旨の下に遂行された。このような作業をアメリカにおいては，「ウォー・ギルト・インフォーメイション・プログラム」といっていた。

　アメリカ政府がこのようなことをおこなったのは，直接的には，原爆投下や大都市への無差別爆撃にみられるような，人道に反し，また国際法に違反する一連の行為を正当化しようとするものであったが，長期的には，アメリカの極東政策の便宜を図ろうとするものであった。

　このような政策目的を追求するために用意されたのが，「GHQ史観」であった（「東京裁判史観」ともいわれる）。この史観の下では，アメリカをはじめ連合国諸国は「平和を愛する諸国民」であり，日本は好戦的な国家であるとされた。そして開戦の責任は日本にあるとされた。日本の憲法学，政治学において「国家」が見失われているのは，このような歴史観の影響によるところが少なくないとみることができよう。

八月革命のこと

　学説の多数をなすリベラル派憲法学は，憲法制定の事情について，宮沢俊義氏の「八月革命」説によっている。宮沢氏は日本国憲法制定の法理として，つぎのような説明をしている。

　昭和20年の8月に，日本国内において革命が遂行された。この時点で国民が新たな主権者になった。新憲法は，この国民が自発的に制定した，とみるべきだ。

　このような説明がまったくの虚妄であることは明らかである。終戦直後の8月に「革命」など起こっておらず，また，GHQ支配の下において，国民が「自発的に」憲法を制定することなど，ありえないことである。

　さらにいえば，宮沢氏自身，終戦直後から翌年の3月に至るまで「革命」のことなどまったく述べていなかった。この時期における宮沢氏の発言は，これとはまったく逆のものである。明治憲法は，民主主義を否定するものではな

い，明治憲法の抜本的変更は必要ない，と発言している。

　宮沢氏は，昭和21年の3月以降，なぜこれまでの意見を翻して，8月に革命があった，などということをいい出したのであろうか。GHQは，昭和21年早々に，公職追放に着手した。結局，その対象者は，20万人に及ぶことになった。日本社会のリーダーたちが20万人も職を追われたのである。

　宮沢氏は，この点についてスネに傷をもつ身であった。第1に，昭和10年代のころ，宮沢氏は，軍部の力がしだいに増してくると，それまでの「大正自由主義」的な言動を改め，当時においてすでに時代遅れとされていた，ごりごりの神権天皇論を学説の基礎におくようになった（宮沢・後掲書）。第2に，ナチスが民主的なワイマール憲法を破棄する形で独裁政権を樹立すると，宮沢氏は，さっそく，これを合法的な憲法の変更だとして弁護した。第3に，真珠湾攻撃によって日米戦が開始されると，雑誌「改造」（昭和17年1月号）の座談会において，これを英米のアジア支配に対する反撃だとして，日本海軍のハワイ攻撃を絶賛している。

　いずれにせよ，八月革命説は，歴史の事実とはあまりにかけ離れており，これに立脚することはできないのではないかと思われる。八月革命説が体現したのは，憲法制定の法理などではなく，GHQ史観そのものであった。

Ⅳ　近代国家と「国民」の観念

共同体と権力機構

　戦後の憲法学において国家論の軽視がひとつの傾向をなしているが，こうしたなかでも少数の論者によって国家論の重要性が主張されてきた。

　「国家」を論ずる場合，「共同体としての国家」と「権力機構としての国家」を区別する必要がある。前者は国家主権，領土，国民を含む「共同体」そのものであるが，後者は「政府」を意味するにすぎない。

　外国人の参政権を議論する場合において，この区別は重要である。ここで問題にされる「国民」とは，国家という共同体の一員としての国民である。「共同体」の外にある外国人が「共同体」内部の意思決定に参加することが許され

るか否かが問われなければならない。外国人参政権の導入論者にあっては、この「共同体」という契機が軽視される傾向にある。論者において表象される「国民」とは、共同体の一員としてのそれではなく、政府と対抗関係にあるそれである。政府権力の対象という意味では、外国人も国民も大差のない存在になるからである。

ドイツの理論と日本の学説の相違点は、このような「国民」概念の相違に起因するものと思われる。

ルソーのパトリオティズム

(1) 近代政治学の祖とされているホッブズによれば、国家は国民に安全を与える、これに対して国民は国家に忠誠義務を負う、とされる。これが近代国家の基本的な仕組みである。国家に対する忠誠義務は、近代国家の存立の条件である。

封建時代においては、「国に対する忠誠」という観念は存在しない。この時代においては、領主に対する忠誠、教会に対する忠誠、同業組合に対する忠誠などがあるだけである。

人民主権の論者をされているルソーは、人民の政治参加の条件として「祖国愛」を挙げている。ルソーの時代には、政治にかかわる資格をもつのは、貴族や上流階級の出身者のみであり、一般の庶民にはその能力も資格もないとされていた。庶民が政治にかかわることになれば、衆愚政治になると考えられていた。「デモクラシー」という言葉自身にそのような意味が含まれている。人民主権のルソーの思想には、当時の論敵によって「乞食の哲学」との悪罵が投げつけられた。ルソーは合理主義者であるうえ、リアリストでもあるので、衆愚政治の可能性も十分に考えていた。そこで出てきたのが「祖国愛」である。人民大衆であっても「祖国愛」というパトスさえあれば政治に関与しうると考えたのである。ルソーにとって、人民が祖国愛をもつことは、人民の政治参加の条件であった。ルソーが教育論などにおいて、繰り返し「祖国愛」の重要性を説いているのは、このような事情による。ルソーの「祖国愛」が「愛国心」で

はなく,「忠誠心」を意味することは明らかである。パトリオリズムという語は,日本では「愛国心」と訳されているが,むしろ,「忠誠主義」,あるいは「忠誠心」としたほうがよいと思われる。

(2) 国に対する忠誠心を右翼運動の要素とみる向きがあるが,これは全くの誤りである。ドイツのナチスの下においては「党に対する忠誠」が要求され,「国家に対する忠誠」は危険思想とみなされた。政治学者カール・シュミットは,国家主義者なるが故に反ナチではないかと疑われ,政治警察につけねらわれた。ムソリーニ支配下のイタリアにおいては,パトリオティズムが抵抗の原理とされた。共産主義国家においても,「党への忠誠」が「国家への忠誠」に優越するものとされている。そして,国家主義者が危険人物として弾圧の対象になることもめずらしくなかった。

国家に対する忠誠は,近代国家の条件であり,また国民主権,民主主義の条件でもある。選挙には,この「国家への忠誠」が条件になる。近代の民主主義理論が一致して選挙権の主体を「国民」にかぎっているのは,このような忠誠の問題と密接にかかわるものとみることができる(ヴィローニ・後掲書)。外国人が忠誠の対象とするのは,滞在する国家ではなく,それぞれの出身国,すなわち母国である。

V 福沢諭吉の「客分」論

(1) マッカーサーは,日本を統治するにあたって,いくつかの目標を置いた。そのひとつが,さきの大戦は「平和を愛する国々」と「好戦国」の戦いであり,日本は「好戦国」のひとつだったということを日本人に信じ込ませることであった。この政策は見事に成功し,日本人にはいまでも,日本=好戦国,周辺国=平和愛好国とする傾向がみられる。

戦後の憲法学において,安全保障の問題に対する学説の関心は必ずしも十分なものではなかった。長い間,非武装中立主義の立場が多数を占め,現在においてもその影響は残されている。この「非武装」とは,軍備の全廃を意味す

る。またこの場合における「中立」とは，日米安保条約の廃止を意味する。軍備がなく，安全保障条約がなくても，自国の安全と平和が保ちうると考えることができるのは，周辺諸国が「平和を愛する諸国民」であるということを前提としているからである。しかし，このような前提が成立しえないことは明らかである。非武装中立主義は，まさしくGHQ史観そのものである。

(2) 90年代以降，国家相対化論といわれる議論がさかんになされるようになって以来，国家主権，領土，国民の観念それぞれにつき，相対化されるべきだとの主張がなされている。

「国家主権」の相対化とは，日本の国家主権の一部を国際機構に委譲することを意味する。東アジア共同体論は，その典型である。東アジア共同体論にあっては，日本，中国，韓国などが連邦国家（ないし国家連合）を形成するものとされる。日本の国家主権の一部，すなわち，外交権，軍事権，通貨発行権などはこの連邦政府に委ねられることになる。このような国家構想が日本国憲法に違反することは明らかである。人権の保障が失われるだけでなく，憲法前文において，国家主権を維持すべきことが憲法上要求されているからである。

「領土」の相対化とは，日本国への外国人の移住を広く認めようとする所論である。

「国民」概念の相対化は，日本国民にかえて「市民」を政治の主体と考える（これに対する批判として，佐伯・後掲書）。この「市民」には外国人も含まれる。地球市民論は，「国民」相対化論の典型である。地球市民論は，最終的には主権国家を超克して世界政府をめざすものである。しかし，ドイツの国法学者のいうように，このような理想は「空想の所産」であるといわざるをえない。

外国人の国政選挙権を導入しようとする論者の多くは，この国家相対化論の影響下にあるものと思われる。この国家相対化論にも，GHQ史観の影響がみられる。このように，現在の日本の思想状況において，GHQ史観の影響には多大なものがある。そして，これとならんで，マルクス主義史観の影響も，学校の教科書などにおいて今なお続いている。

(3) このような事態をみるとき，福沢諭吉の「学問のすゝめ」の一節が思い起こされる。

福沢は，近代国家には「国民」の形成が絶対の条件であるとする。封建社会の「領民」たちが「国民」になるためには，ナショナル・アイデンティティーが必要である。福沢は明治初期の日本人をみて，彼らは「客分」にすぎない，国家の構成員としての意識に欠けている，と考えた。国家の運命に当事者意識をもたない「客分」のままでは，日本の独立はおぼつかないと心配したのである。国民には「われわれ意識」が必要である（ヘルマン・ヘラー）。

明治初期における福沢のこのような憂慮は，杞憂ではなかった。日本人は，いまだに自らが国家という共同体の一員であるという自覚を十分にもてないでいるようである。

福沢の言葉によれば，現在の日本人は「国民」ではなく，「客分」の集合体にすぎないということになる。

現在の日本において必要なことは，なによりもまず，共同体としての国家の意義を客観的に見直すことにあるのではないかと思われる。

〔参考文献〕

青木功一「福沢諭吉のアジア」（慶應義塾大学出版会，2011年）
ベネディクト・アンダーソン〔白石さや・白石隆訳〕「増補 想像の共同体」（NTT出版，1997年）
マウリツィオ・ヴィローリ〔佐藤瑠威ほか訳〕「パトリオティズムとナショナリズム」（日本経済評論社，2007年）
ユベール・ヴェドリーヌ〔橘明美訳〕「「国家」の復権」（草思社，2009年）
牛村圭「「勝者の裁き」に向きあって──東京裁判を読み直す」（筑摩新書，2004年）
江藤淳「閉ざされた言語空間 占領軍の検閲と戦後日本」（文春文庫，1994年）
呉善花「韓国併合への道」（文春新書，2012年）
大石眞「立憲民主制」（信山社，1996年）
甲斐弦「GHQ検閲官」（葦書房，1995年）
片岡鉄哉「日本永久占領」（講談社＋α文庫，1999年）
北村稔「「南京事件」の探究」（文春新書，2001年）
ステファヌ・クルトワほか〔外川継男訳〕「共産主義黒書〈ソ連篇〉」（恵雅堂出版，

2001年）
小山常実「公民教科書は何を教えてきたのか」（展転社，2005年）
佐伯啓思「「市民」とは誰か　戦後民主主義を問い直す」（PHP新書，1997年）
坂本多加雄「国家学のすすめ」（ちくま新書，2001年）
─────「坂本多加雄選集Ⅰ・Ⅱ」（藤原書店，2005年）
佐藤常雄・大石慎三郎「貧農史観を見直す」（講談社現代新書，1995年）
杉本幹夫「「植民地朝鮮」の研究」（展転社，2002年）
アントニー・D.スミス〔高柳先男訳〕「ナショナリズムの生命力」（晶文社，1998年）
竹内洋「革新幻想の戦後史」（中央公論新社，2011年）
田中明彦「新しい「中世」　21世紀の世界システム」（日本経済新聞社，1996年）
谷暎子〔編著〕「占領下の児童検閲」（新読書社，2004年）
鄭大均「在日・強制連行の神話」（文春新書，2004年）
中川八洋「保守主義の哲学」（PHP研究所，2004年）
西修「日本国憲法成立過程の研究」（成文堂，2004年）
西鋭夫「国敗れて　マッカーサー」（中公文庫，2005年）
チャールズ・A.ビーアド〔開米潤監訳〕「ルーズベルトの責任　日米戦争はなぜ始まったか（上・下）」（藤原書店，2011年）
福沢諭吉「学問のすゝめ」（慶應義塾大学出版会，2009年）
ホッブズ〔水田洋・田中浩訳〕「リヴァイアサン〈国家論〉」（河出書房，1966年）
増田弘「公職追放」（東京大学出版会，1996年）
宮沢俊義「憲法略説」（岩波書店，1942年）
百地章「憲法の常識　常識の憲法」（文春新書，2005年）
八木秀次「明治憲法の思想　日本の国柄とは何か」（PHP新書，2002年）
吉野文雄「東アジア共同体は本当に必要なのか」（北星堂，2006年）
ルソー「エミール（上・中・下）」（ワイド版　岩波文庫，1994年）
ルナン，フィヒテほか〔鵜飼哲ほか訳〕「国民とは何か」（河出書房新社，1997年）
渡辺利夫「日本の東アジア戦略　共同体への期待と不安」（東洋経済新報社，2005年）
Abbott, Philip (ed.) : The Many Faces of Patriotism, 2007.
Böckenförde, Ernst-Wolfgang : Staat, Verfassung, Demokratie (2. Aufl.), 1992.
Boister, Neil and Cryer, Robert : The Tokyo International Military Tribunal : A Reappraisal, 2008.
Bull, Hedley : The Anarchical Society : A Study of Order in World Politics (3rd ed.), 1977.
Haack, Stefan : Staatsangehörigkeit - Unionsbürgerschaft - Völkerrechtssubjektivität, in : Isensee / Kirchhof (Hrsg.), Handbuch des Staatsrechts, Bd. X, 3. Aufl., 2012.
Isensee, Josef : Am Ende der Demokratie - oder am Anfang?, 1995.
Kittel, Manfred : Nach Nürnberg und Tokio, 2004.

Kronenberg, Volker : Patriotismus in Deutschland Perspektiven für eine weltoffene Nation (2. Aufl.), 2006.
Maga, Tim : Judgment at Tokyo : The Japanese War Crimes Trials, 2001.
Miller, Edward S. : War Plan Orange : The U. S. Strategy to Defeat Japan, 1897-1945, 2007.
Nishi, Toshio : Unconditional Democracy : Education and Politics in Occupied Japan, 1945-1952, 1982.
Rabkin, Jeremy A. : Law without Nations ? : Why Constitutional Government Requires Sovereign States, 2005.
Rousso, Henry (ed.) : Stalinism and Nazism : History and Memory Compared, 1999.
Sørensen, Georg : The Transformation of the State : Beyond the Myth of Retreat, 2004.
Stöcker, Hans A. : Nationales Selbstbestimmungsrecht und Ausländerwahlrecht, in : Der Staat, Bd. 28, 1989, S. 71 ff.
Veseth, Michael : Globaloney Unraveling the Myths of Globalization, 2005.
Walker, J. Samuel : Prompt and utter destruction : Truman and the use of atomic bombs against Japan, 1997.

〔付記〕 上記の文献は，補論のための参考文献です。

長尾 一紘(ながお かずひろ)

現在　中央大学名誉教授

略歴　昭和41年，中央大学法学部卒業。43年，東京大学大学院法学政治学研究科修了。同年，中央大学法学部助手。その後，助教授を経て教授（平成25年3月まで）。この間，中央大学法科大学院教授を併任。

〈主な著書〉
「基本権解釈と利益衡量の法理」日本比較法研究所（2012年），「日本国憲法」〔第4版〕世界思想社（2011年），「外国人の選挙権」世界思想社（2000年）

外国人の選挙権　ドイツの経験・日本の課題

日本比較法研究所研究叢書（95）

2014年3月20日　初版第1刷発行

著　者　長尾一紘

発行者　遠山　曉

発行所　中央大学出版部
〒192-0393
東京都八王子市東中野742番地1
電話 042-674-2351・FAX 042-674-2354
http://www2.chuo-u.ac.jp/up/

© 2014　長尾一紘　　ISBN978-4-8057-0594-0　　㈱千秋社

日本比較法研究所研究叢書

#	著編者	タイトル	判型・価格
1	小島武司 著	法律扶助・弁護士保険の比較法的研究	A5判 2800円
2	藤本哲也 著	CRIME AND DELINQUENCY AMONG THE JAPANESE-AMERICANS	菊判 1600円
3	塚本重頼 著	アメリカ刑事法研究	A5判 2800円
4	小島武司・外間寛 編	オムブズマン制度の比較研究	A5判 3500円
5	田村五郎 著	非嫡出子に対する親権の研究	A5判 3200円
6	小島武司 編	各国法律扶助制度の比較研究	A5判 4500円
7	小島武司 著	仲裁・苦情処理の比較法的研究	A5判 3800円
8	塚本重頼 著	英米民事法の研究	A5判 4800円
9	桑田三郎 著	国際私法の諸相	A5判 5400円
10	山内惟介 編	Beiträge zum japanischen und ausländischen Bank- und Finanzrecht	菊判 3600円
11	木内宜彦・M・ルッター 編著	日独会社法の展開	A5判 (品切)
12	山内惟介 著	海事国際私法の研究	A5判 2800円
13	渥美東洋 編	米国刑事判例の動向 I	A5判 (品切)
14	小島武司 編著	調停と法	A5判 (品切)
15	塚本重頼 著	裁判制度の国際比較	A5判 (品切)
16	渥美東洋 編	米国刑事判例の動向 II	A5判 4800円
17	日本比較法研究所 編	比較法の方法と今日的課題	A5判 3000円
18	小島武司 編	Perspectives on Civil Justice and ADR : Japan and the U.S.A	菊判 5000円
19	小島・渥美・清水・外間 編	フランスの裁判法制	A5判 (品切)
20	小杉末吉 著	ロシア革命と良心の自由	A5判 4900円
21	小島・渥美・清水・外間 編	アメリカの大司法システム(上)	A5判 2900円
22	小島・渥美・清水・外間 編	Système juridique français	菊判 4000円

日本比較法研究所研究叢書

23	小島・渥美 清水・外間 編	アメリカの大司法システム(下)	A5判 1800円
24	小島武司・韓相範編	韓 国 法 の 現 在 (上)	A5判 4400円
25	小島・渥美・川添 清水・外間 編	ヨーロッパ裁判制度の源流	A5判 2600円
26	塚本重頼著	労使関係法制の比較法的研究	A5判 2200円
27	小島武司・韓相範編	韓 国 法 の 現 在 (下)	A5判 5000円
28	渥美東洋編	米国刑事判例の動向Ⅲ	A5判 (品切)
29	藤本哲也著	Crime Problems in Japan	菊判 (品切)
30	小島・渥美 清水・外間 編	The Grand Design of America's Justice System	菊判 4500円
31	川村泰啓著	個人史としての民法学	A5判 4800円
32	白羽祐三著	民法起草者穂積陳重論	A5判 3300円
33	日本比較法研究所編	国際社会における法の普遍性と固有性	A5判 3200円
34	丸山秀平編著	ドイツ企業法判例の展開	A5判 2800円
35	白羽祐三著	プロパティと現代的契約自由	A5判 13000円
36	藤本哲也著	諸 外 国 の 刑 事 政 策	A5判 4000円
37	小島武司他編	Europe's Judicial Systems	菊判 (品切)
38	伊従寛著	独占禁止政策と独占禁止法	A5判 9000円
39	白羽祐三著	「日本法理研究会」の分析	A5判 5700円
40	伊従・山内・ヘイリー編	競争法の国際的調整と貿易問題	A5判 2800円
41	渥美・小島編	日韓における立法の新展開	A5判 4300円
42	渥美東洋編	組織・企業犯罪を考える	A5判 3800円
43	丸山秀平編著	続ドイツ企業法判例の展開	A5判 2300円
44	住吉博著	学生はいかにして法律家となるか	A5判 4200円

日本比較法研究所研究叢書

45	藤本哲也 著	刑事政策の諸問題	A5判 4400円
46	小島武司 編著	訴訟法における法族の再検討	A5判 7100円
47	桑田三郎 著	工業所有権法における国際的消耗論	A5判 5700円
48	多喜 寛 著	国際私法の基本的課題	A5判 5200円
49	多喜 寛 著	国際仲裁と国際取引法	A5判 6400円
50	眞田・松村 編著	イスラーム身分関係法	A5判 7500円
51	川添・小島 編	ドイツ法・ヨーロッパ法の展開と判例	A5判 1900円
52	西海・山野目 編	今日の家族をめぐる日仏の法的諸問題	A5判 2200円
53	加美和照 著	会社取締役法制度研究	A5判 7000円
54	植野妙実子 編著	21世紀の女性政策	A5判 (品切)
55	山内惟介 著	国際公序法の研究	A5判 4100円
56	山内惟介 著	国際私法・国際経済法論集	A5判 5400円
57	大内・西海 編	国連の紛争予防・解決機能	A5判 7000円
58	白羽祐三 著	日清・日露戦争と法律学	A5判 4000円
59	伊従・山内 ヘイリー・ネルソン 編	APEC諸国における競争政策と経済発展	A5判 4000円
60	工藤達朗 編	ドイツの憲法裁判	A5判 (品切)
61	白羽祐三 著	刑法学者牧野英一の民法論	A5判 2100円
62	小島武司 編	ADRの実際と理論 I	A5判 (品切)
63	大内・西海 編	United Nation's Contributions to the Prevention and Settlement of Conflicts	菊判 4500円
64	山内惟介 著	国際会社法研究 第一巻	A5判 4800円
65	小島武司 著	CIVIL PROCEDURE and ADR in JAPAN	菊判 (品切)
66	小堀憲助 著	「知的(発達)障害者」福祉思想とその潮流	A5判 2900円

日本比較法研究所研究叢書

67	藤本哲也 編著	諸外国の修復的司法	A5判 6000円
68	小島武司 編	ＡＤＲの実際と理論Ⅱ	A5判 5200円
69	吉田　豊 著	手付の研究	A5判 7500円
70	渥美東洋 編著	日韓比較刑事法シンポジウム	A5判 3600円
71	藤本哲也 著	犯罪学研究	A5判 4200円
72	多喜　寛 著	国家契約の法理論	A5判 3400円
73	石川・エーラース グロスフェルト・山内 編著	共演　ドイツ法と日本法	A5判 6500円
74	小島武司 編著	日本法制の改革：立法と実務の最前線	A5判 10000円
75	藤本哲也 著	性犯罪研究	A5判 3500円
76	奥田安弘 著	国際私法と隣接法分野の研究	A5判 7600円
77	只木　誠 著	刑事法学における現代的課題	A5判 2700円
78	藤本哲也 著	刑事政策研究	A5判 4400円
79	山内惟介 著	比較法研究　第一巻	A5判 4000円
80	多喜　寛 編著	国際私法・国際取引法の諸問題	A5判 2200円
81	日本比較法研究所 編	Future of Comparative Study in Law	菊判 11200円
82	植野妙実子 編著	フランス憲法と統治構造	A5判 4000円
83	山内惟介 著	Japanisches Recht im Vergleich	菊判 6700円
84	渥美東洋 編	米国刑事判例の動向Ⅳ	A5判 9000円
85	多喜　寛 著	慣習法と法的確信	A5判 2800円
86	長尾一紘 著	基本権解釈と利益衡量の法理	A5判 2500円
87	植野妙実子 編著	法・制度・権利の今日的変容	A5判 5900円
88	畑尻　剛 工藤達朗 編	ドイツの憲法裁判 第二版	A5判 8000円

日本比較法研究所研究叢書

89	大村雅彦 著	比較民事司法研究	A5判 3800円
90	中野目善則 編	国際刑事法	A5判 6700円
91	藤本哲也 著	犯罪学・刑事政策の新しい動向	A5判 4600円
92	山内惟介 編著 ヴェルナー・F・エブケ	国際関係私法の挑戦	A5判 5500円
93	森 勇 編 米津孝司	ドイツ弁護士法と労働法の現在	A5判 3300円
94	多喜 寛 著	国家（政府）承認と国際法	A5判 3300円

＊価格は本体価格です。別途消費税が必要です。